A-Z NO...

CONT...

Key to Map Pages	2-3	Map Pages	...-42
Large Scale City Centre	4-5	Index to Streets, Towns & Villages	43-56

REFERENCE

A Road	A11	Car Park Selected	P
Under Construction		Church or Chapel	†
Proposed		Fire Station	■
B Road	B1140	Hospital	H
Dual Carriageway		House Numbers A & B Roads only	13 8
One Way Street Traffic flow on A Roads is indicated by a heavy line on the driver's left.		Information Centre	i
All one way streets are shown on Large Scale Pages		National Grid Reference	⁶15
		Police Station	▲
Restricted Access		Post Office	★
Pedestrianized Road		Toilet	▽
Track / Footpath		with facilities for the Disabled	♿
Residential Walkway		Educational Establishment	
Railway Level Crossing Station		Hospital or Hospice	
		Industrial Building	
Built Up Area	YAXLEY WAY	Leisure or Recreational Facility	
Local Authority Boundary		Place of Interest	
Postcode Boundary		Public Building	
Map Continuation	21 Large Scale City Centre 5	Shopping Centre or Market	
		Other Selected Buildings	

SCALE

Map Pages 6-42
1:15840 (4 inches to 1 mile) 6.31cm to 1km
0   ¼   ½ Mile
0   250   500   750 Metres

Map Pages 4-5
1:7920 (8 inches to 1 mile) 12.63cm to 1km
0   ⅛   ¼ Mile
0   100   200   300   400 Metres

Geographers' A-Z Map Company Ltd.

Head Office:
Fairfield Road, Borough Green, Sevenoaks, Kent, TN15 8PP
Telephone 01732 781000
Showrooms:
44 Gray's Inn Road, London, WC1X 8HX
Telephone 020 7440 9500

This map is based upon Ordnance Survey mapping with the permission of the Controller of Her Majesty's Stationery Office.
© Crown Copyright licence number (399260). All rights reserved
Edition 4 2000
Copyright © Geographers' A-Z Map Co. Ltd. 2000

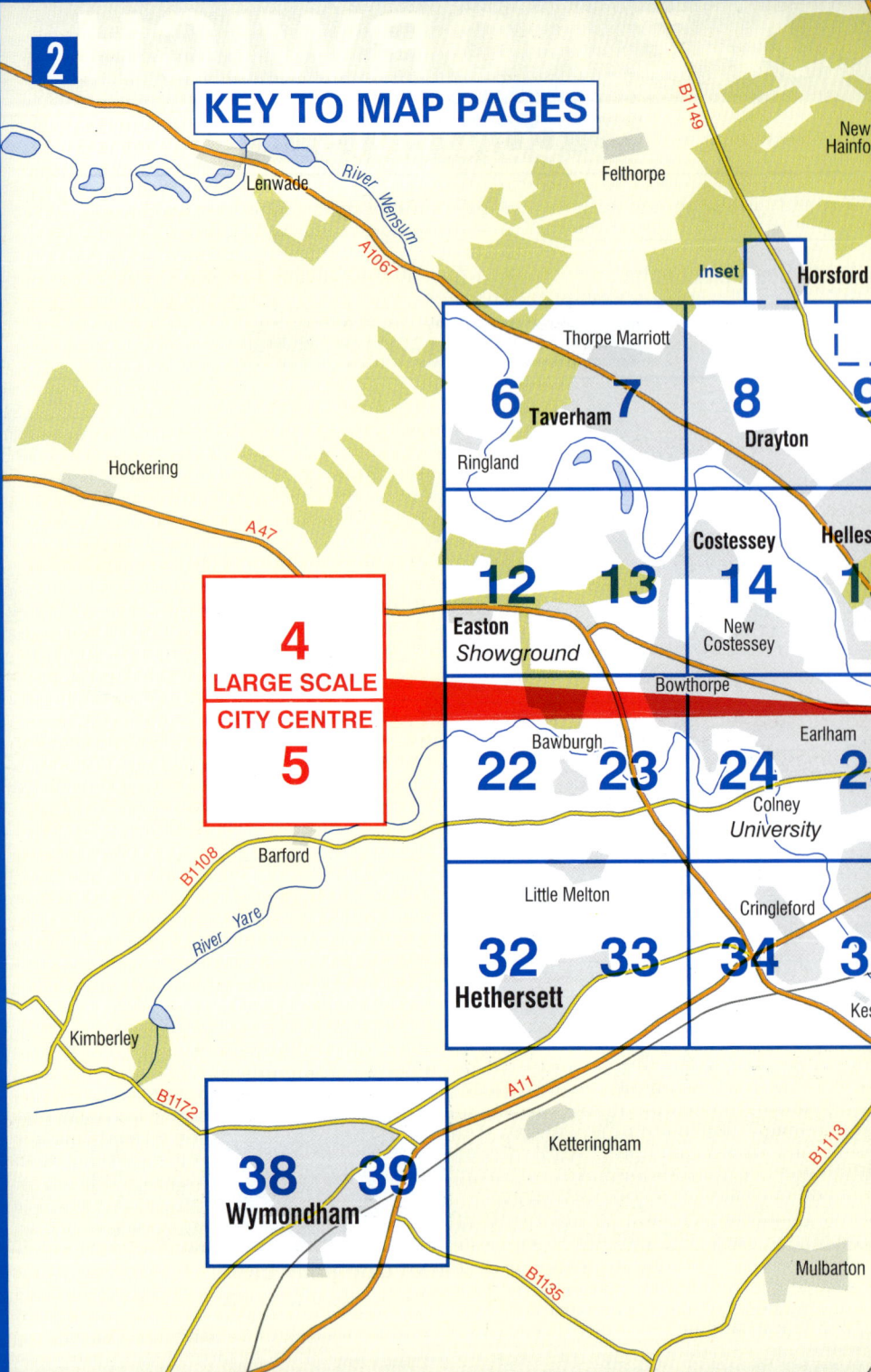

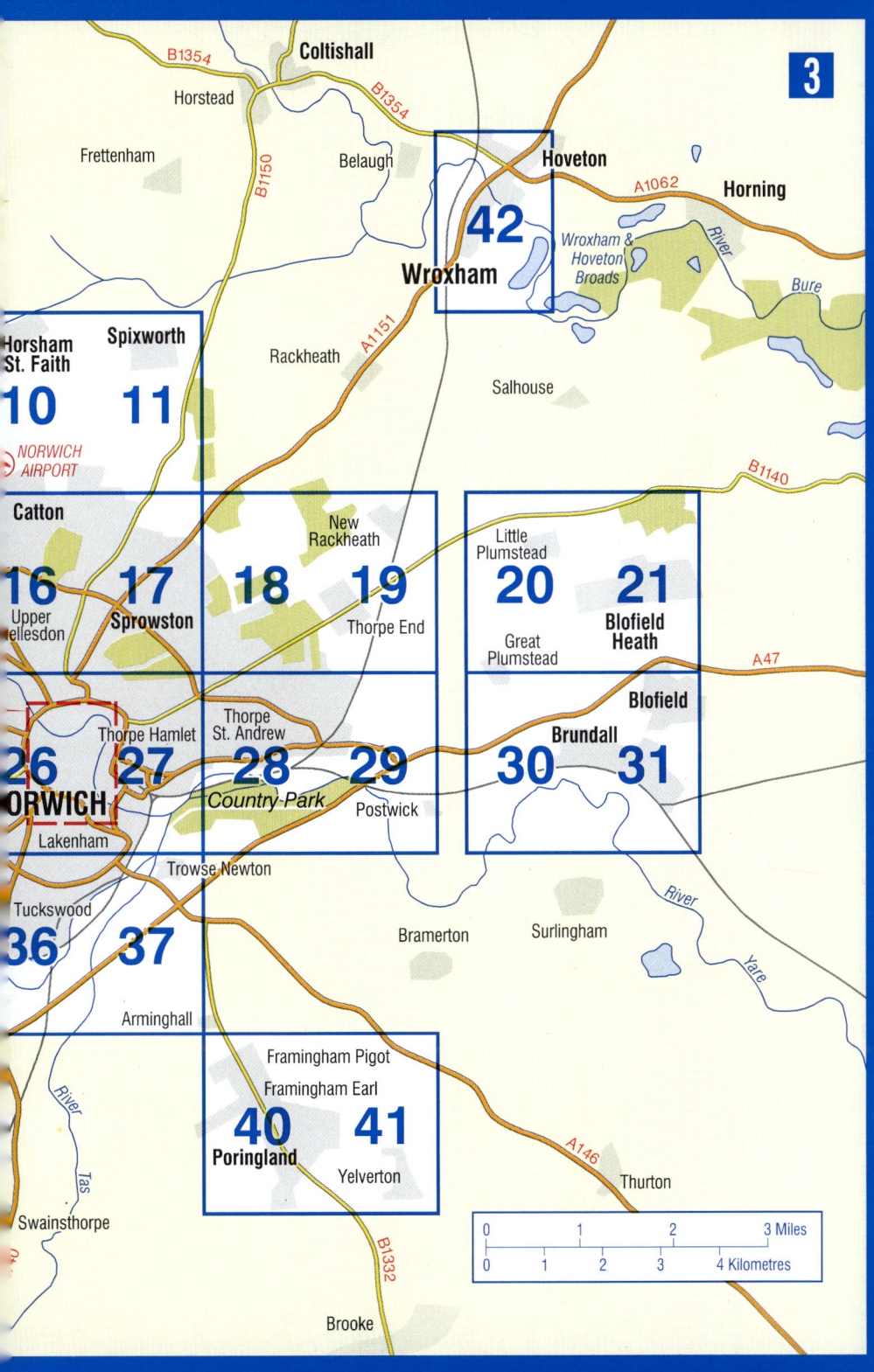

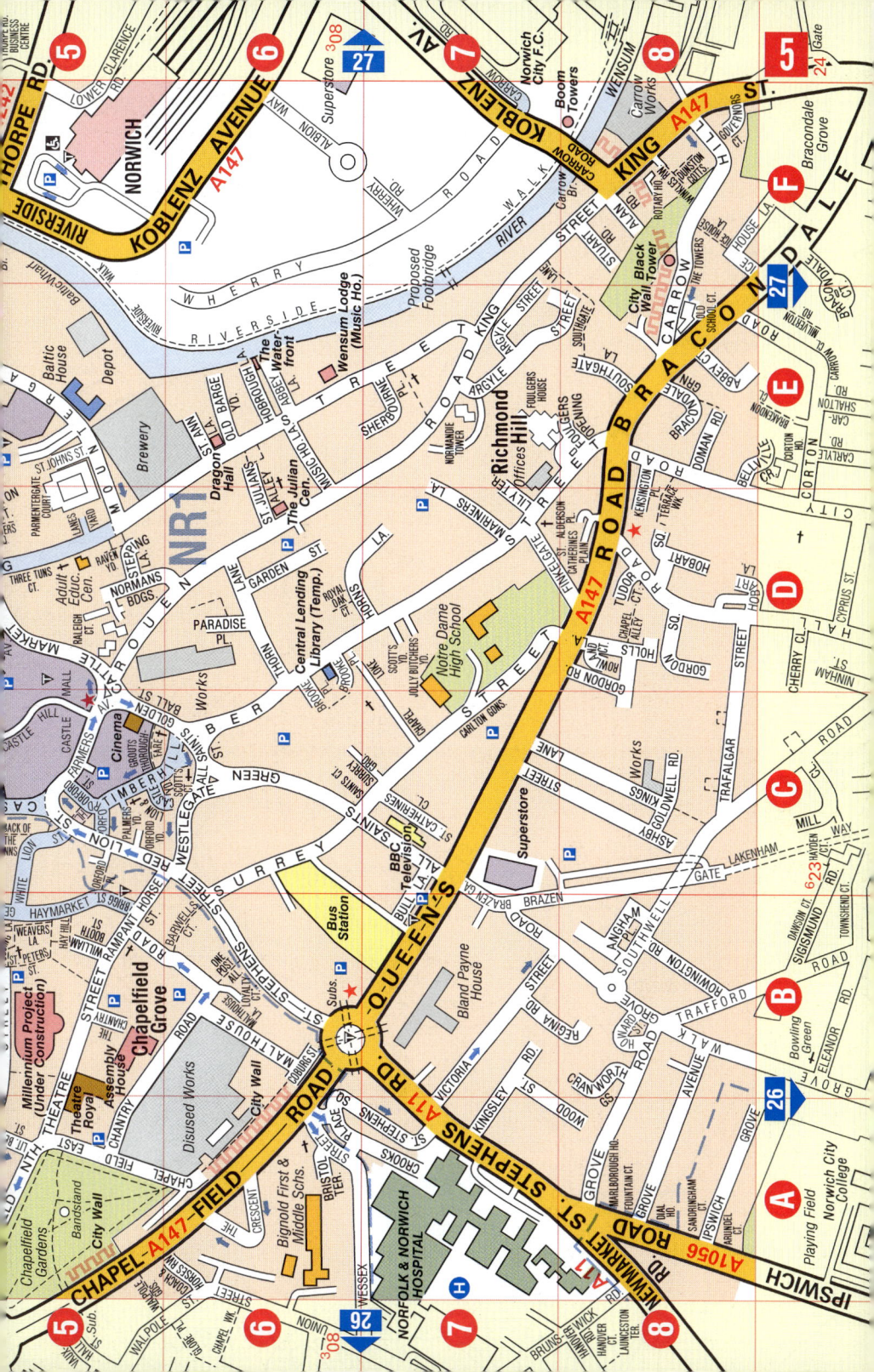

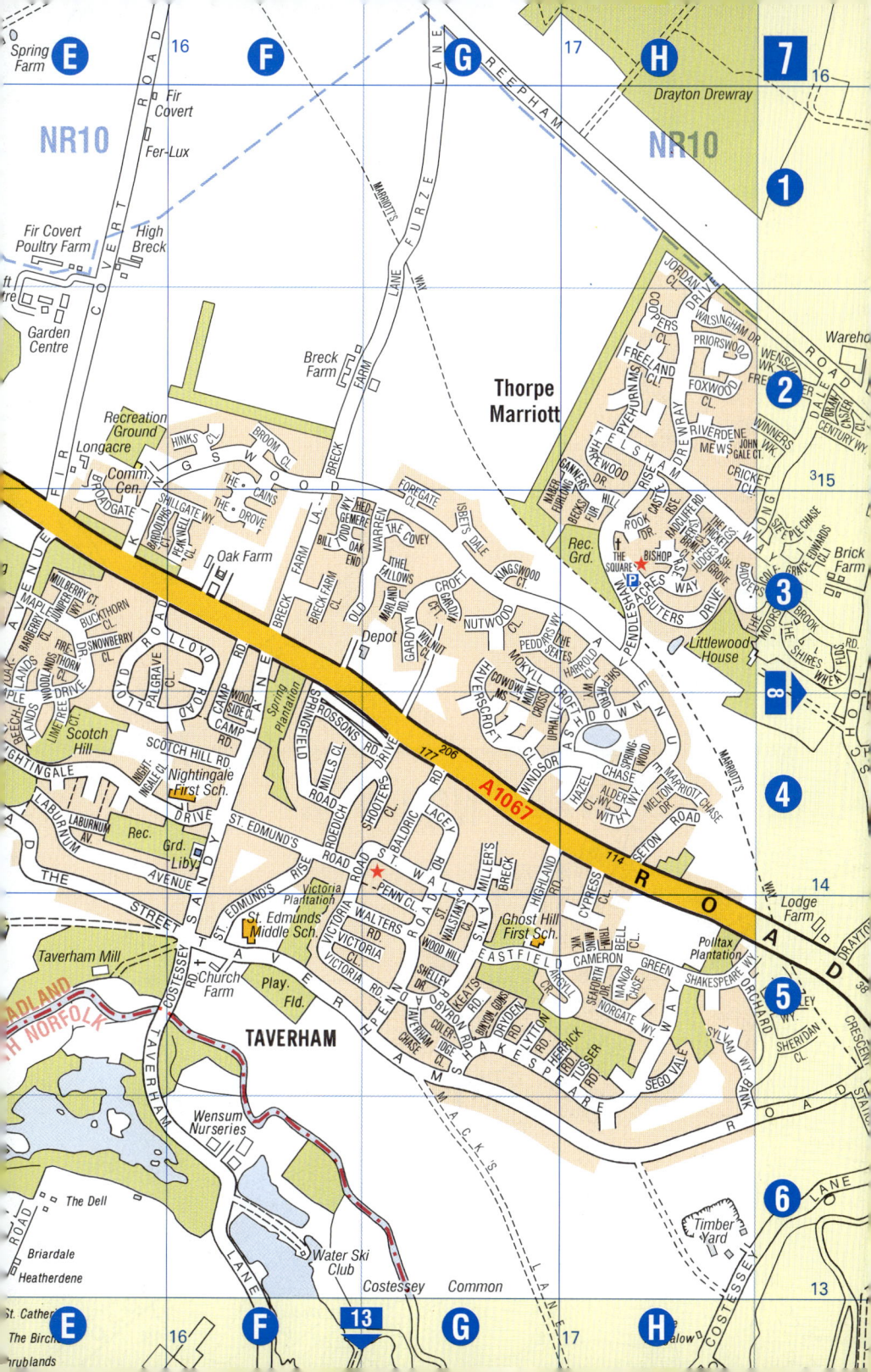

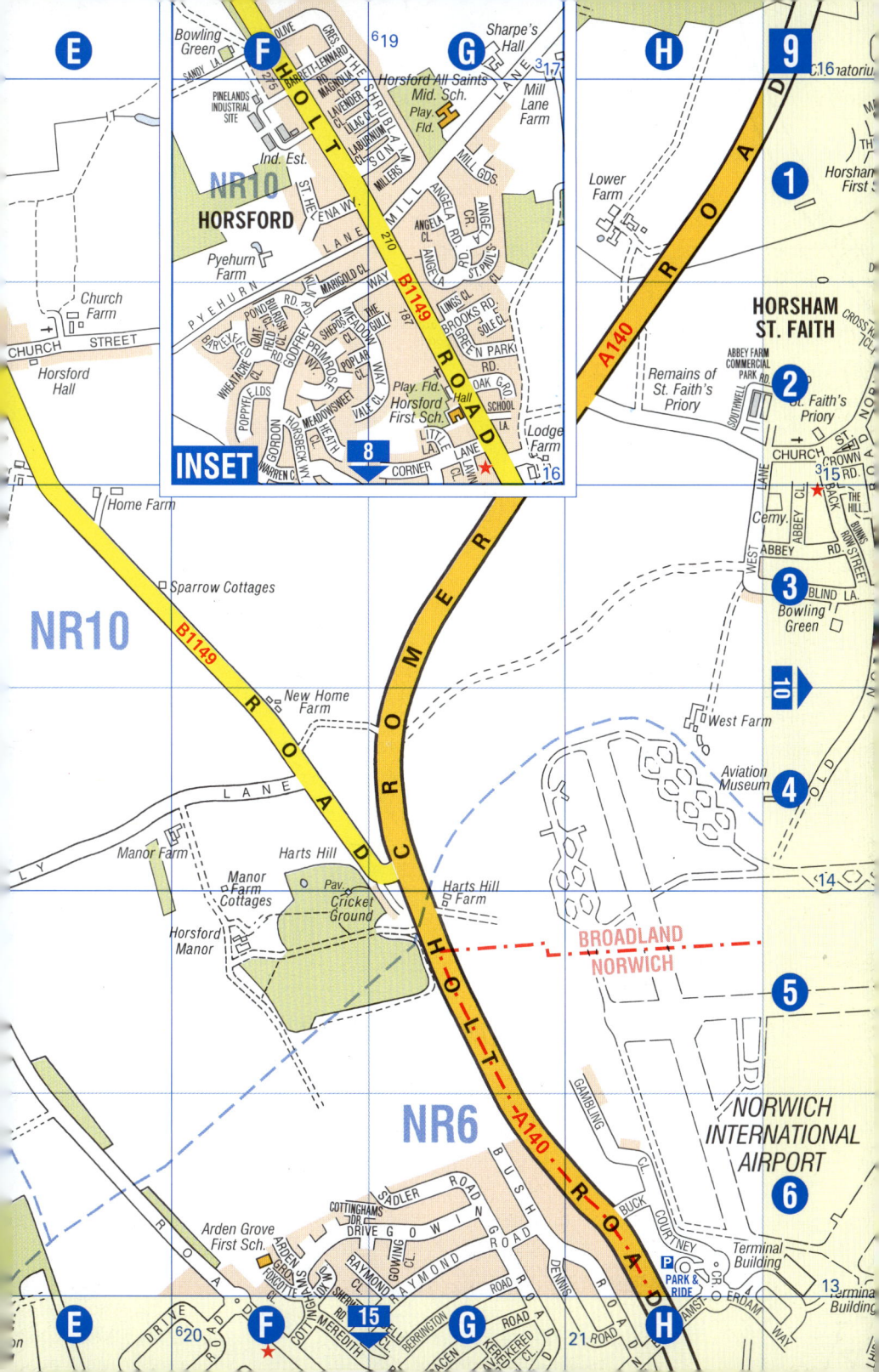

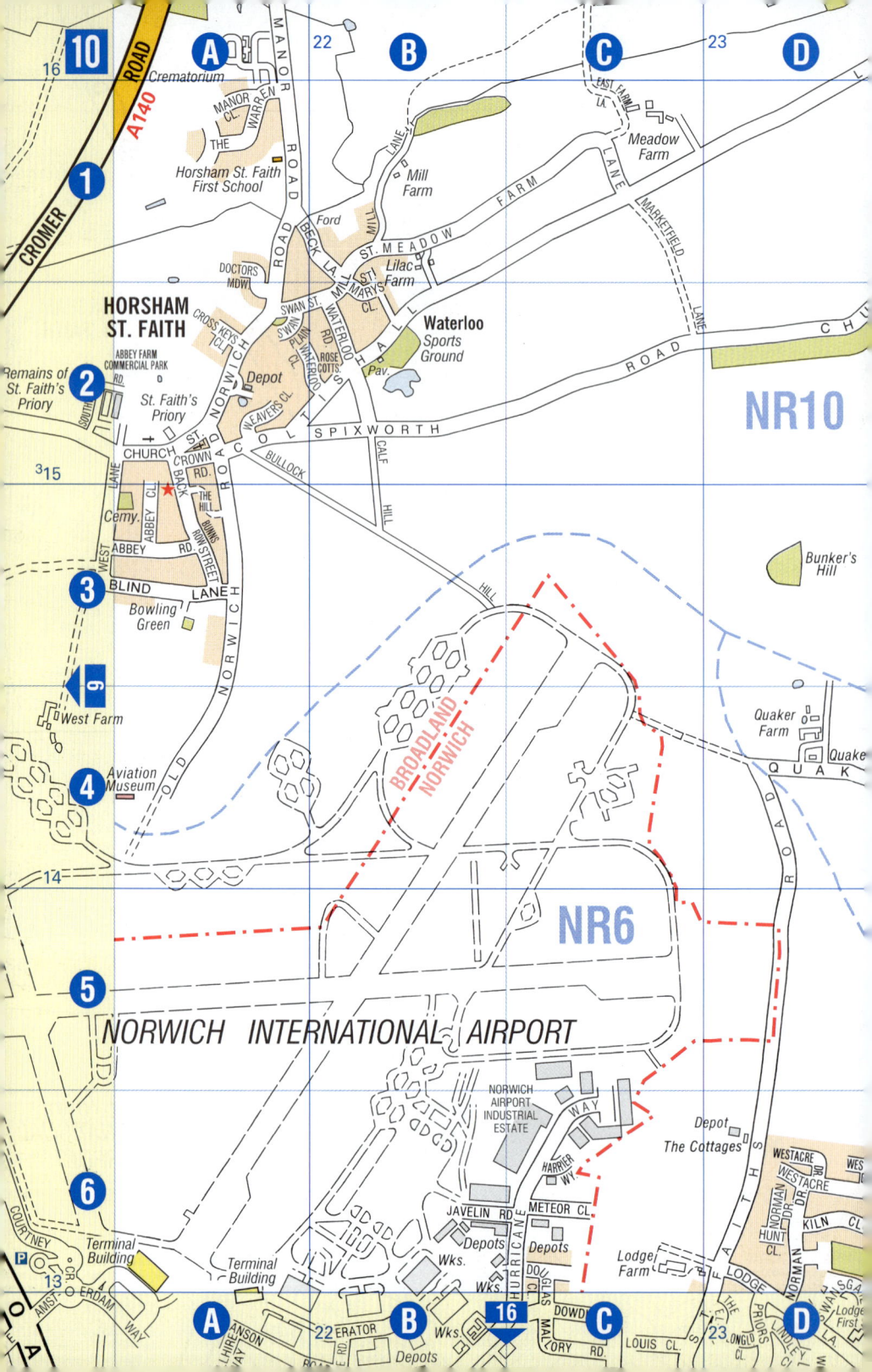

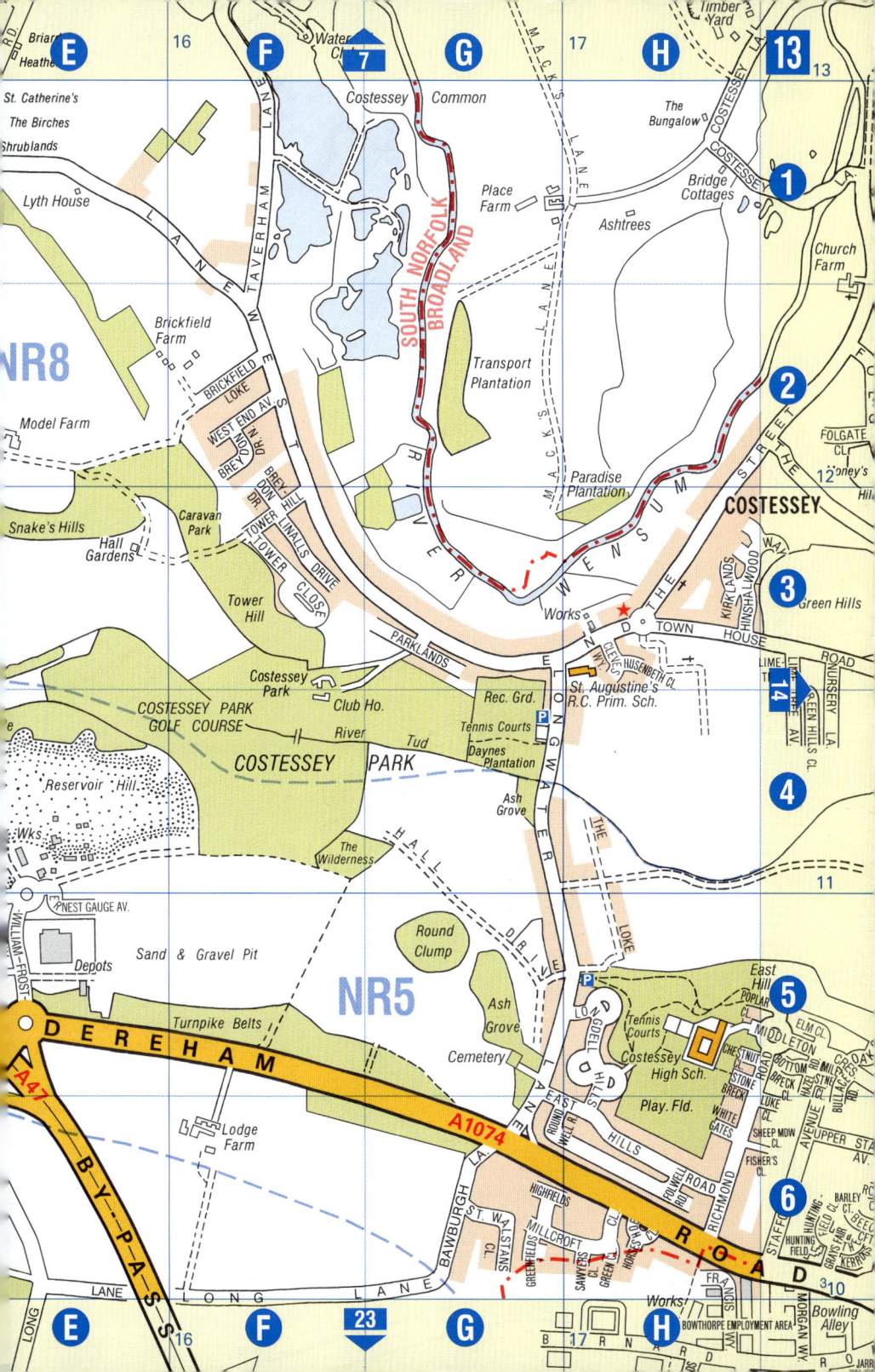

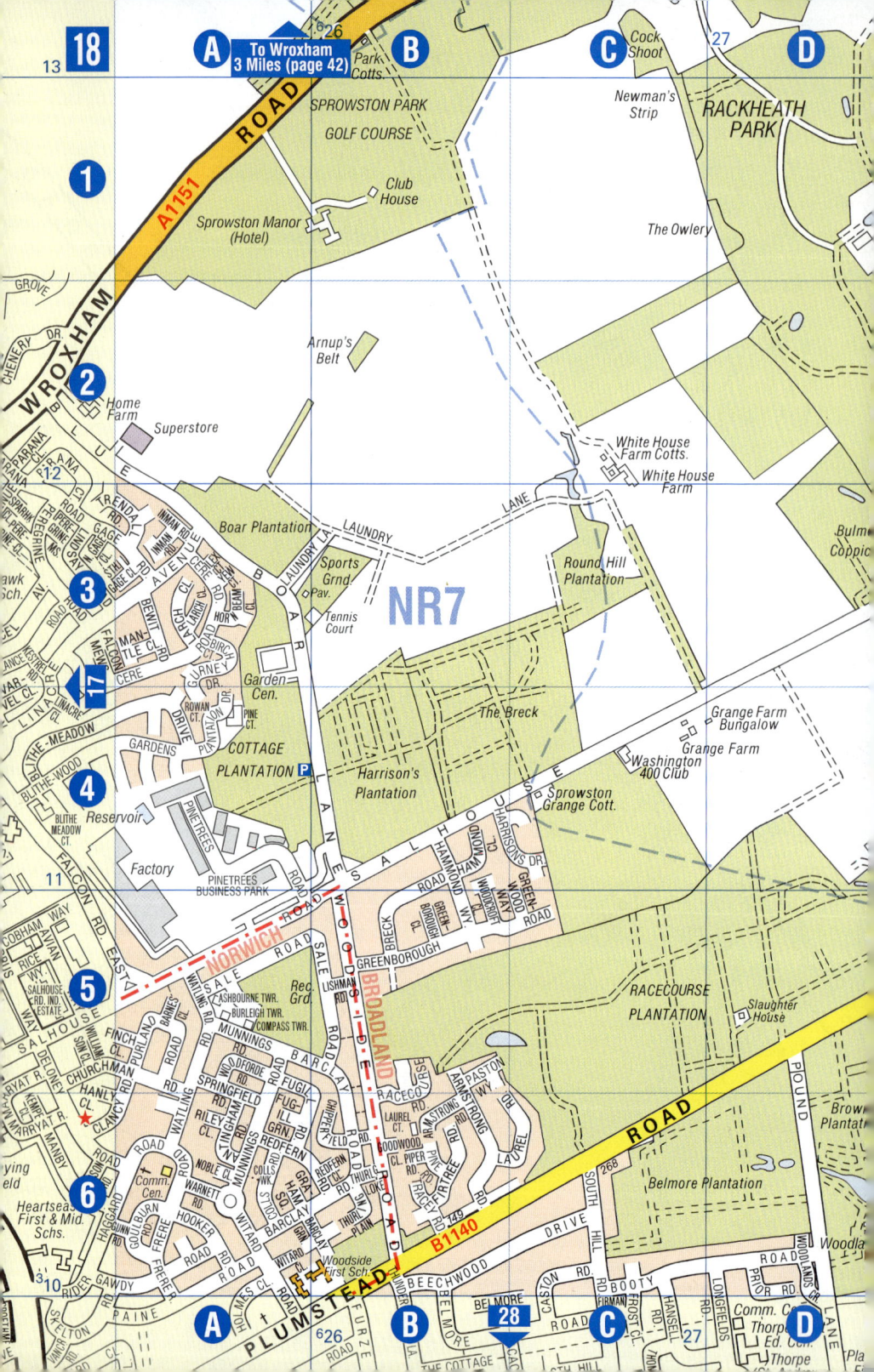

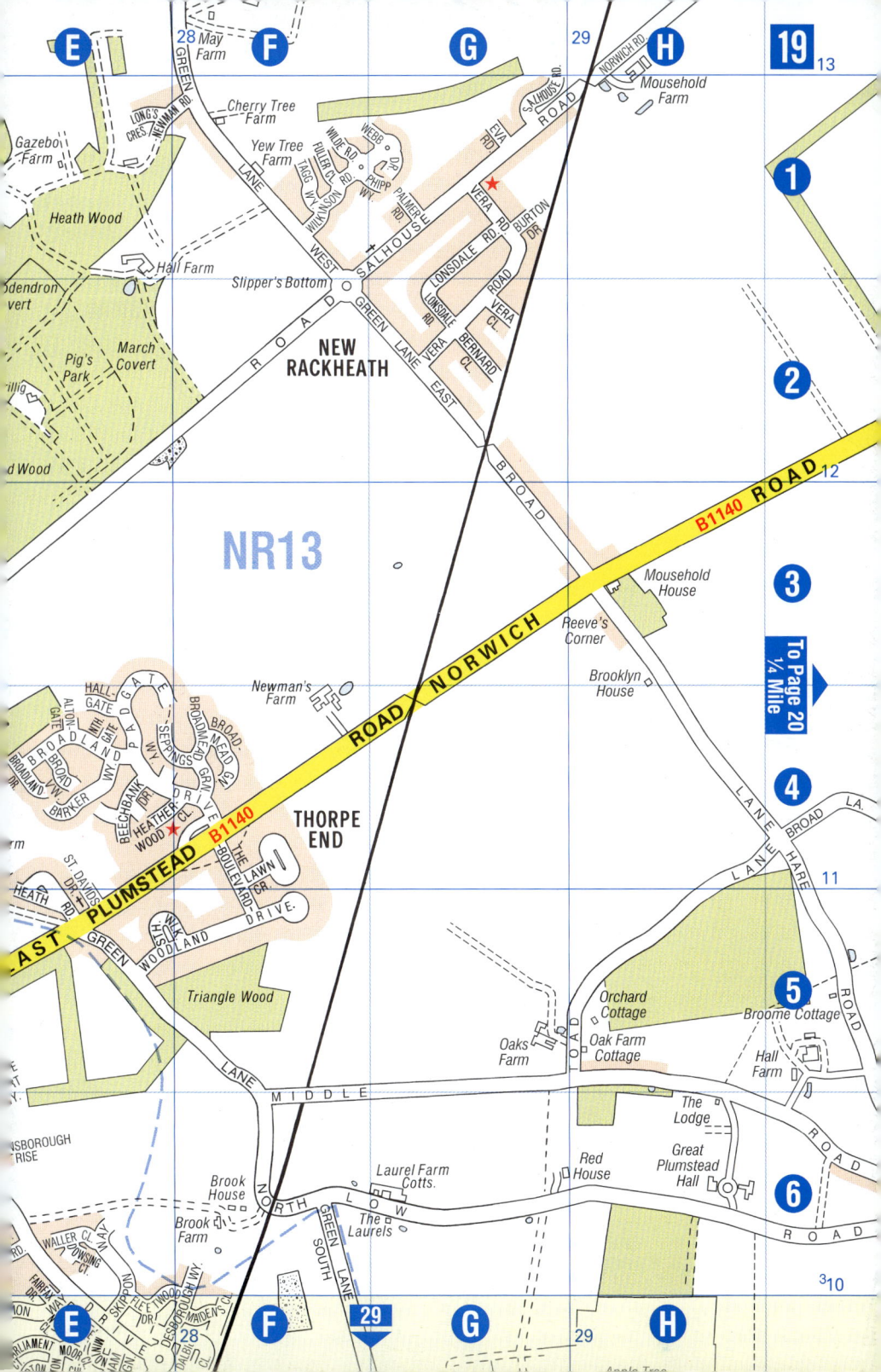

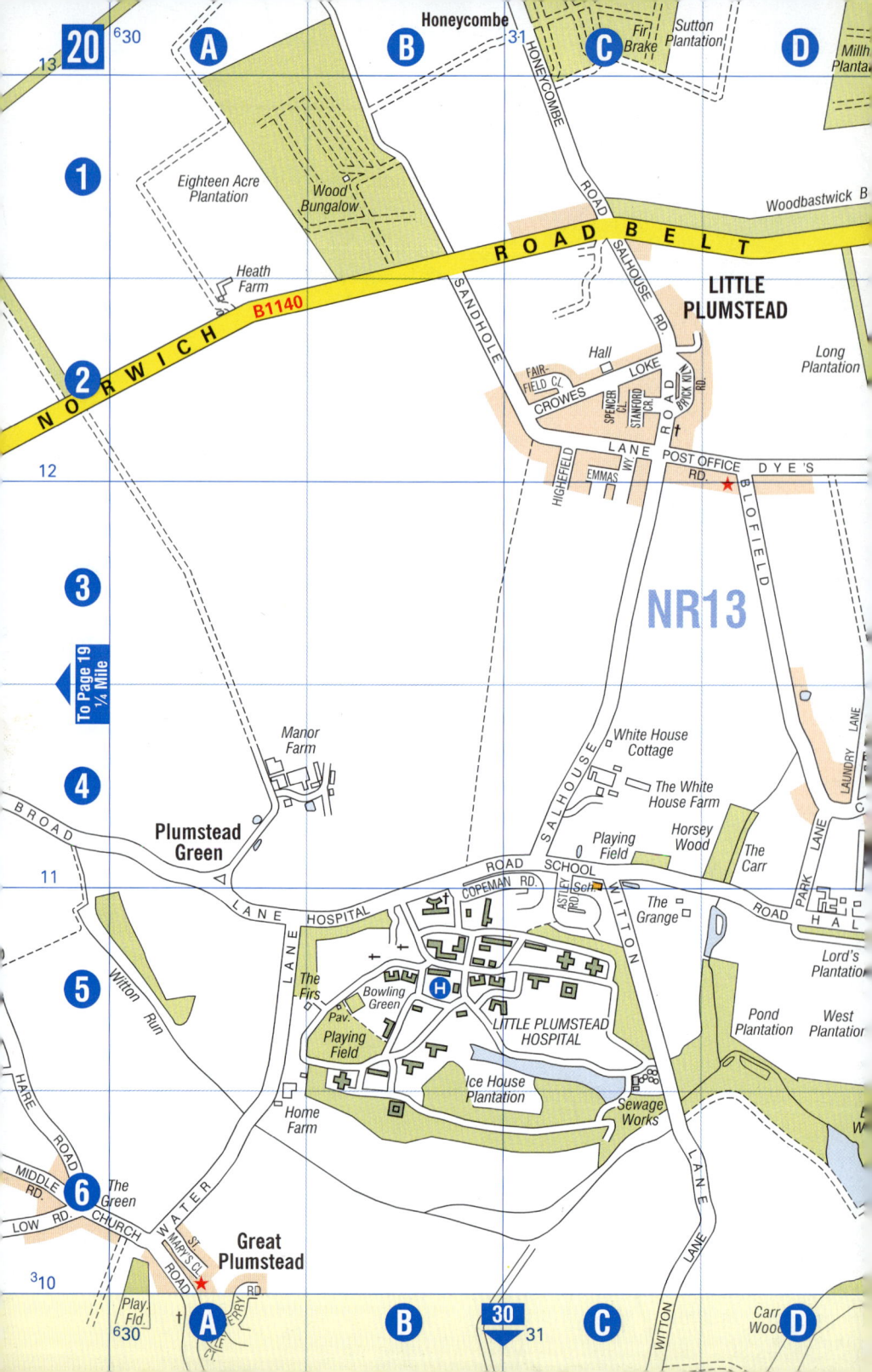

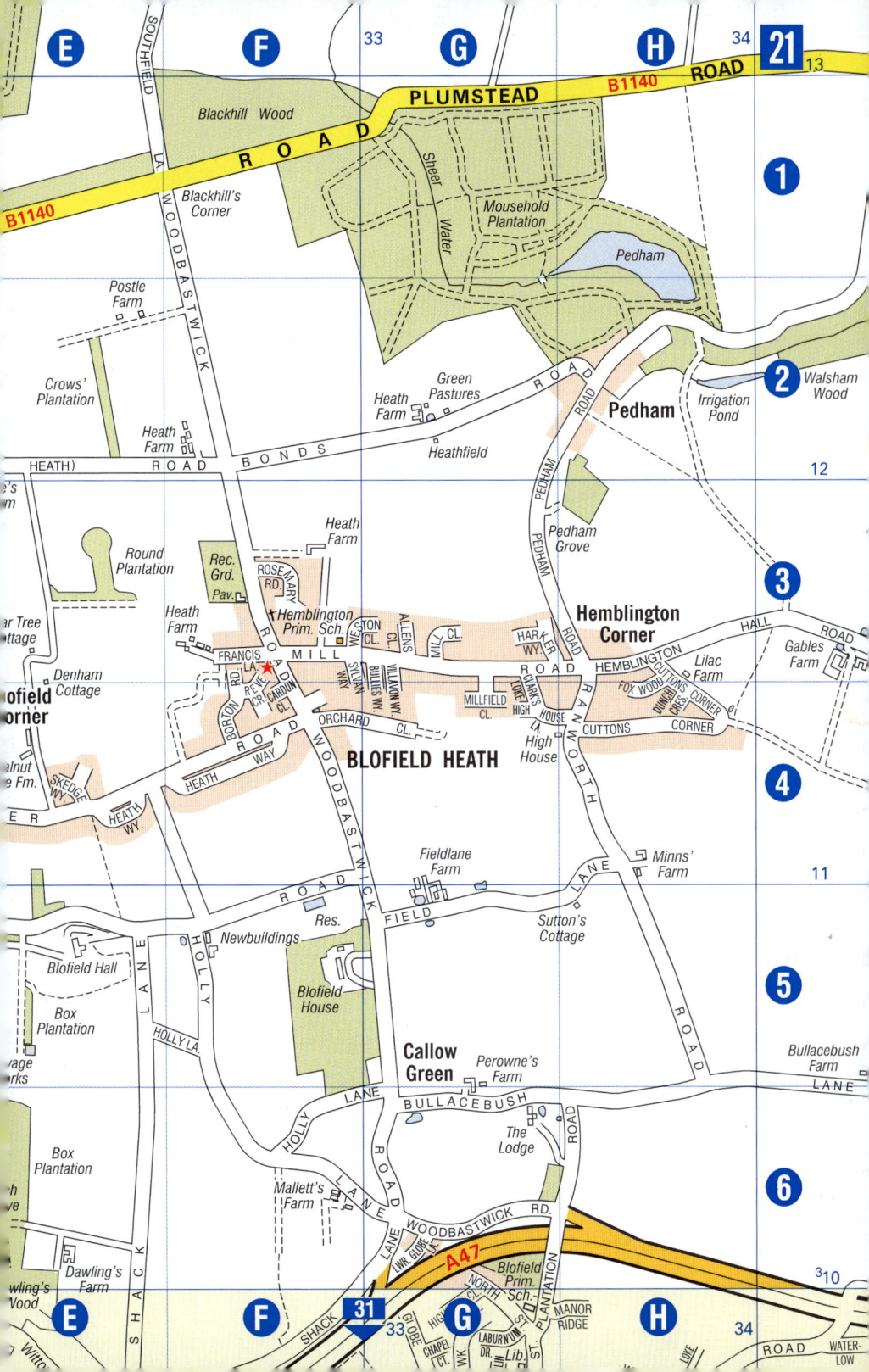

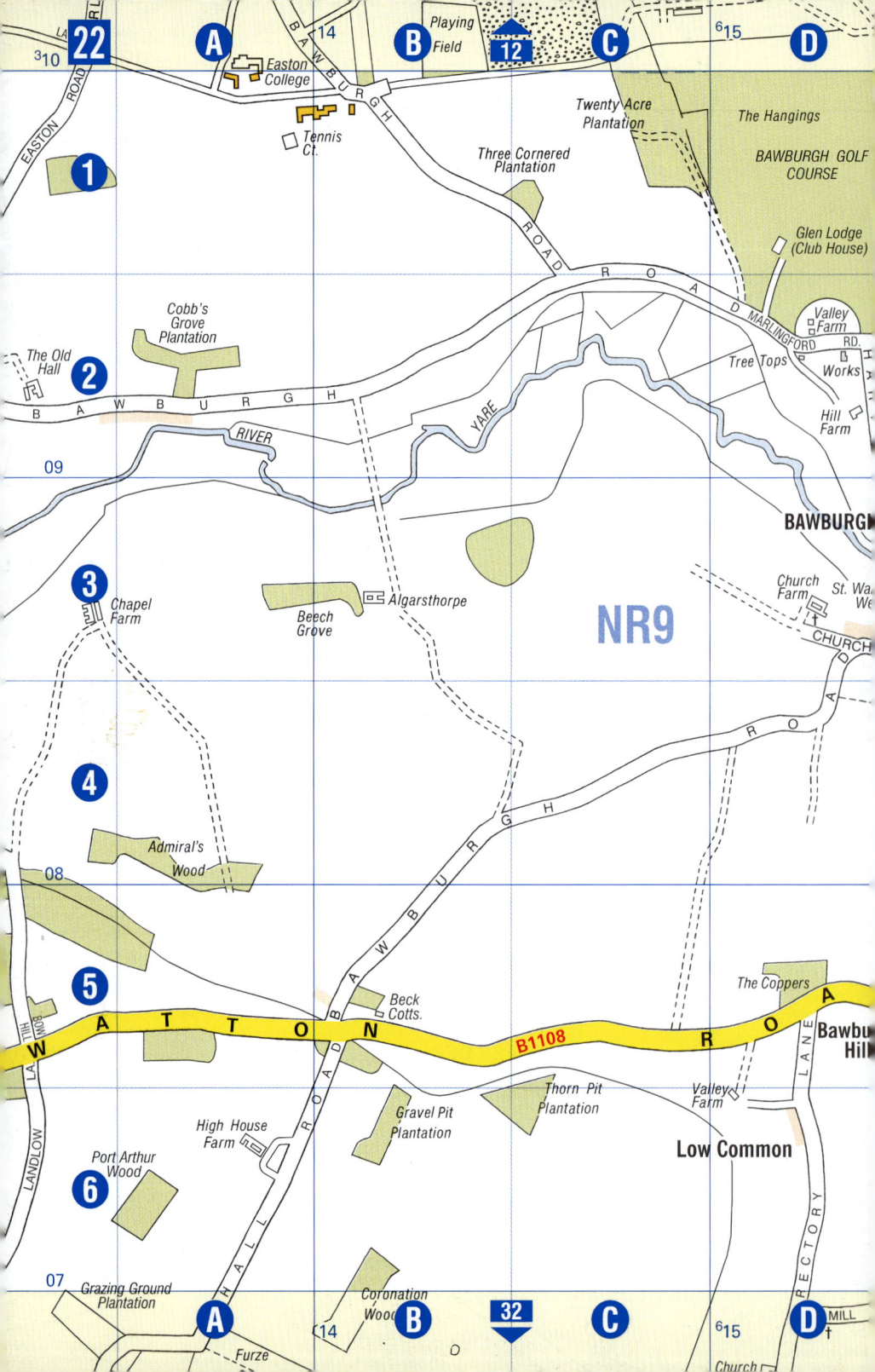

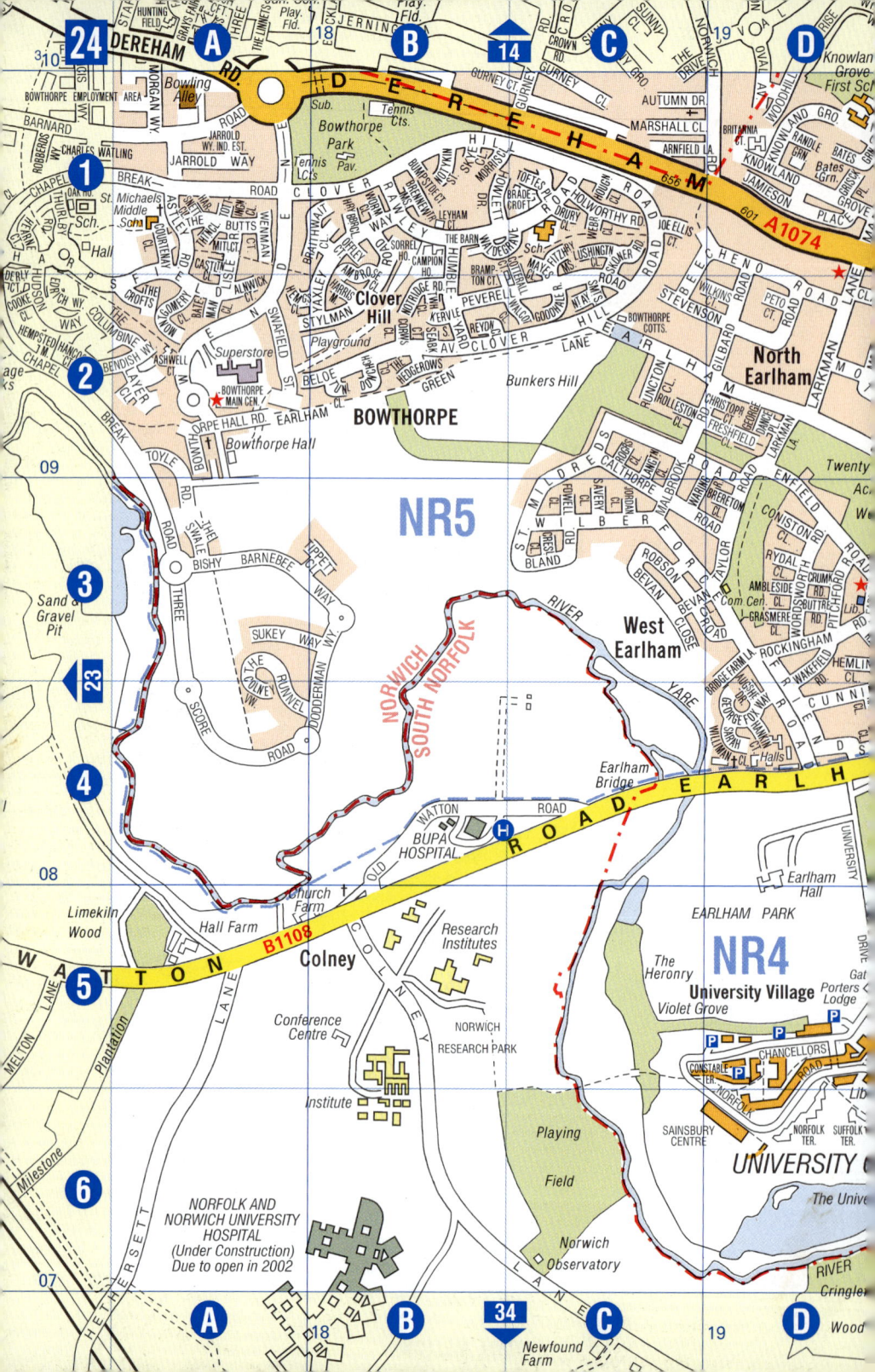

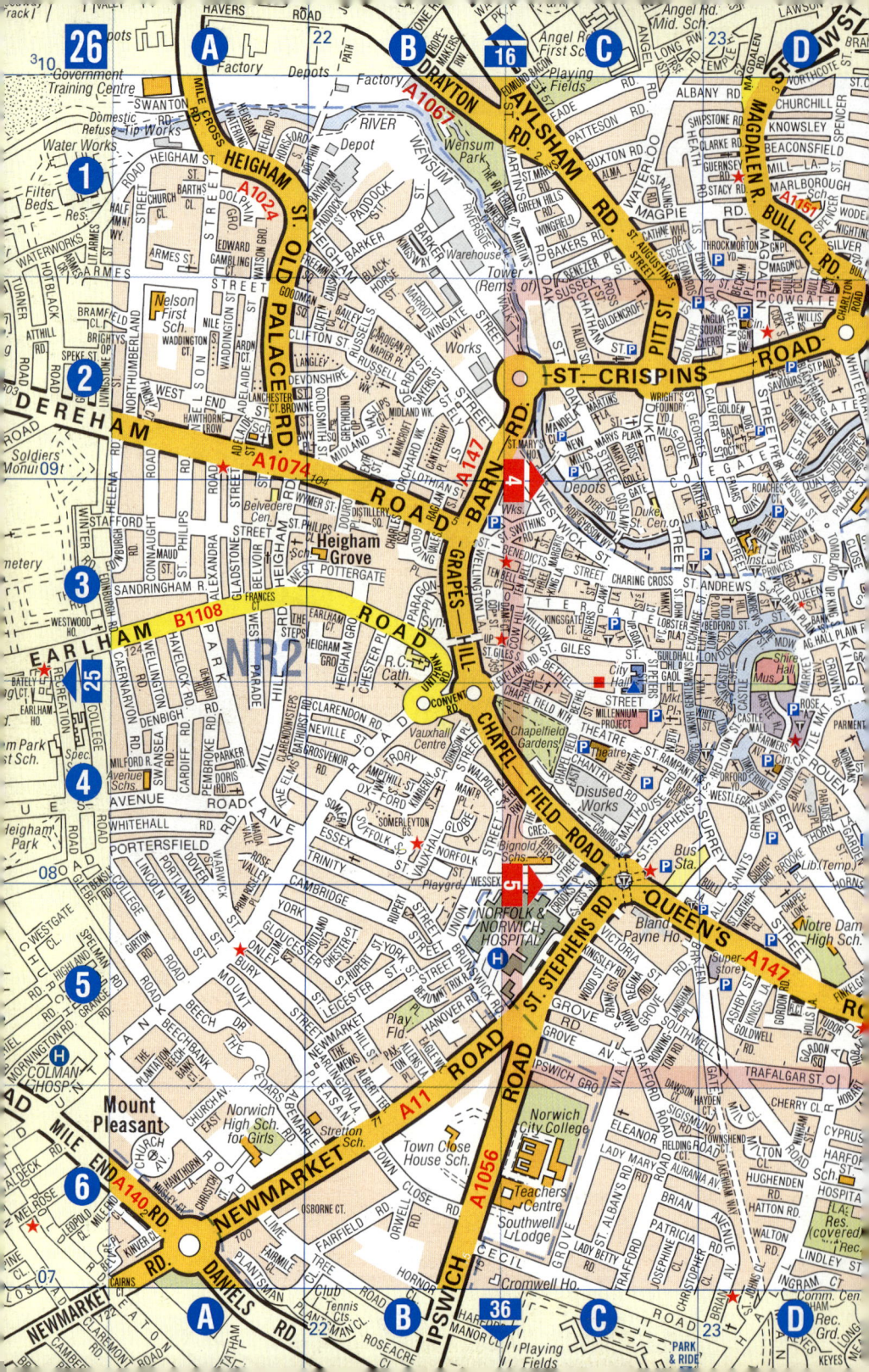

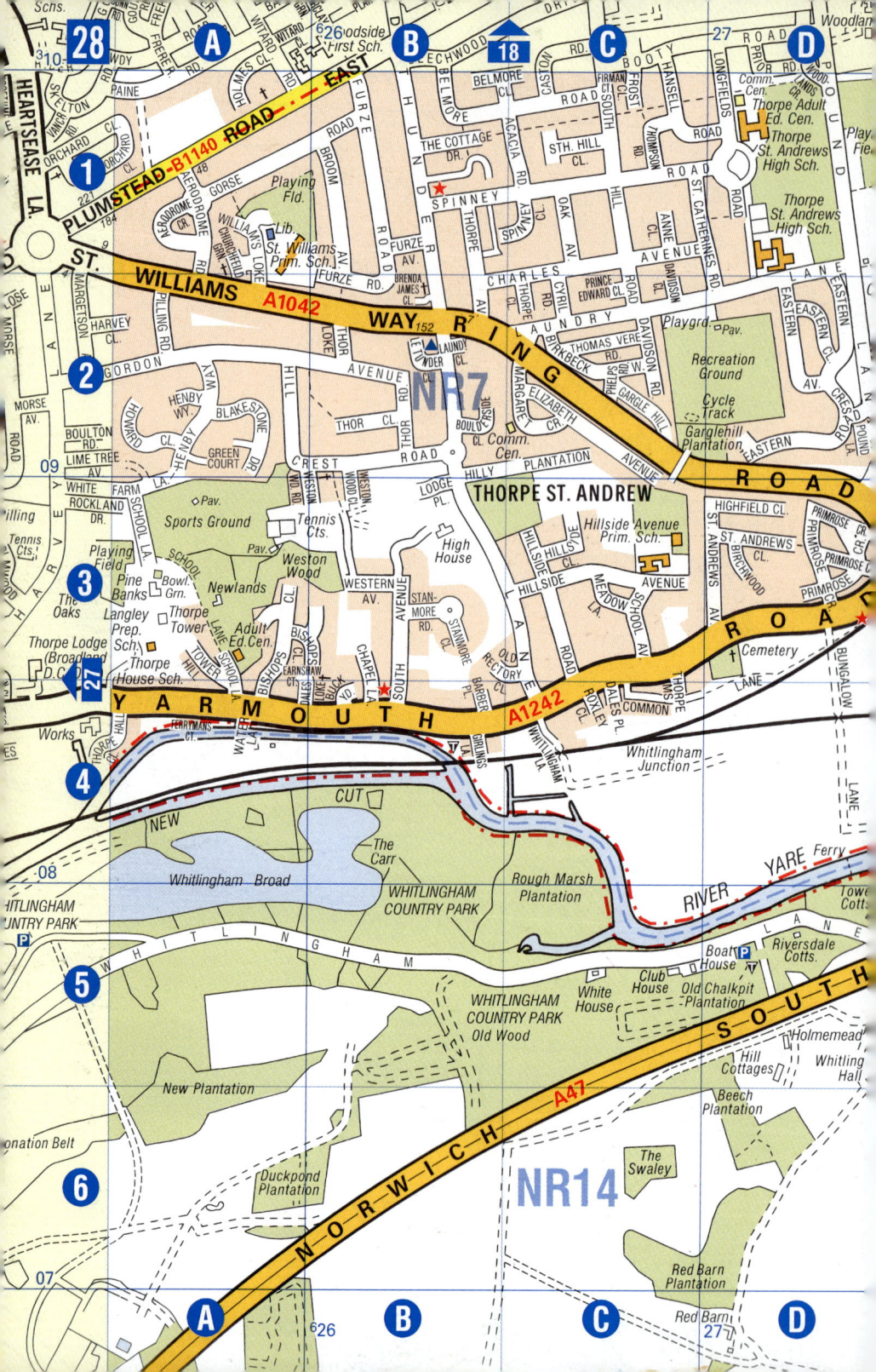

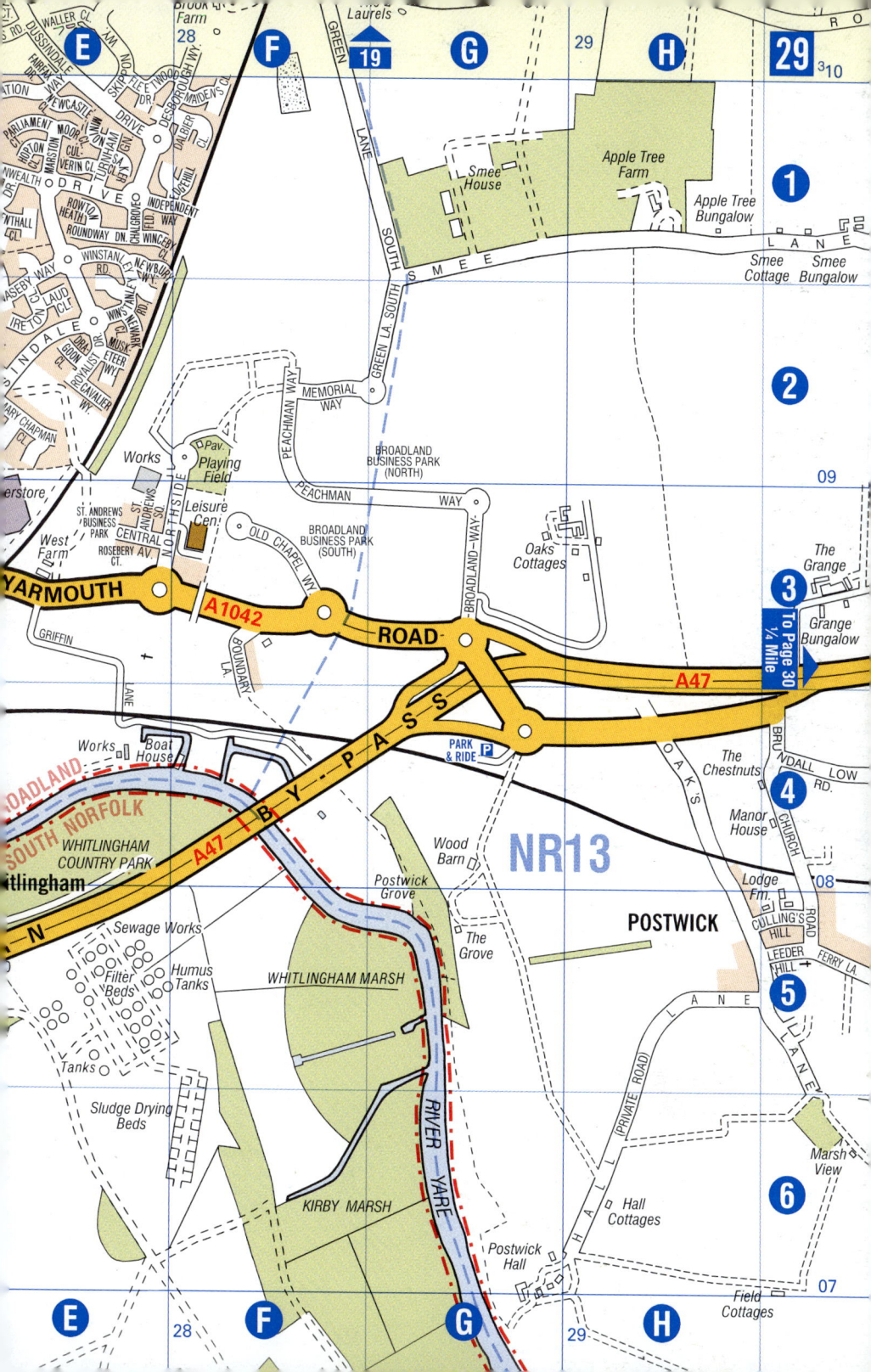

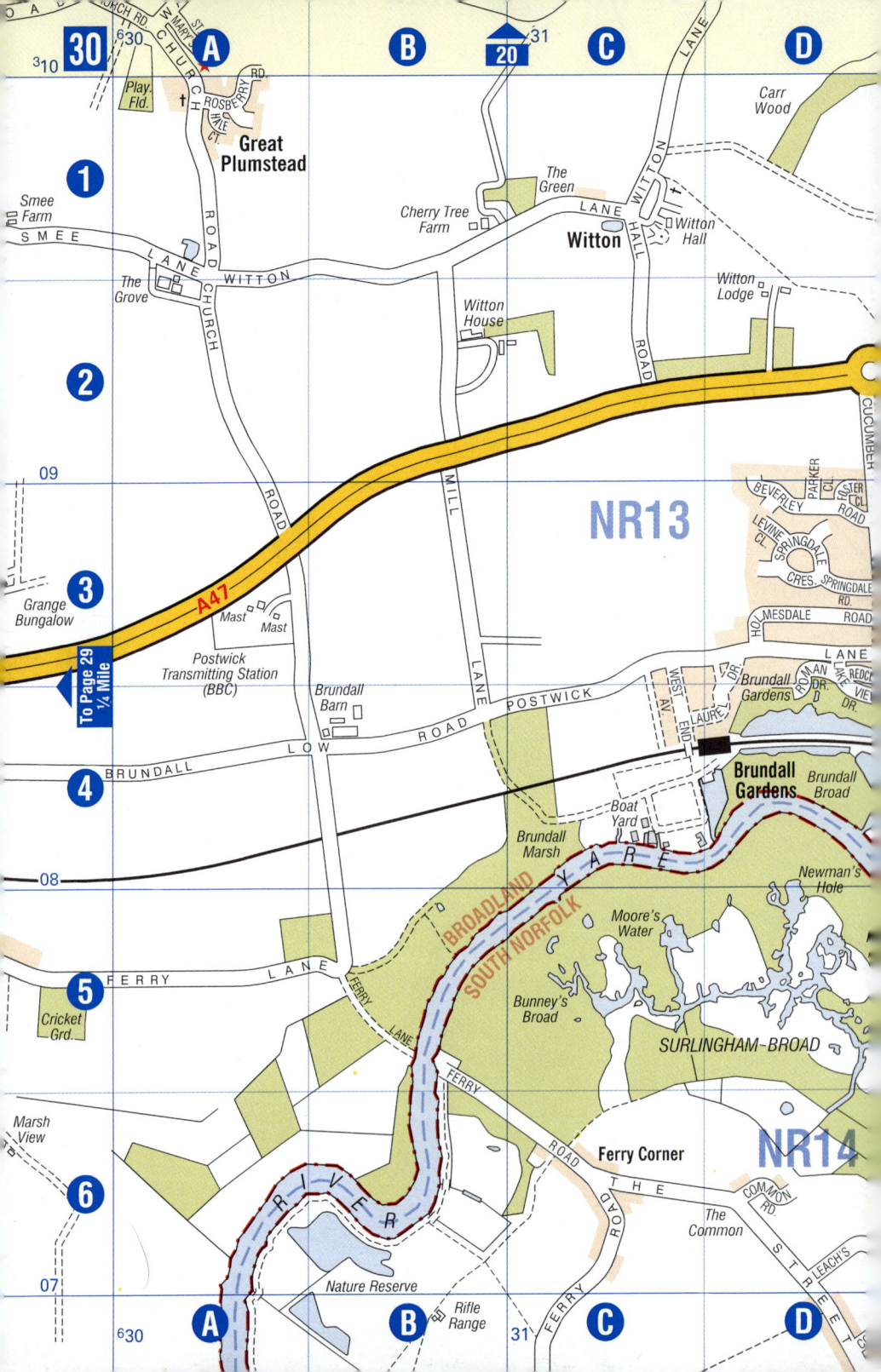

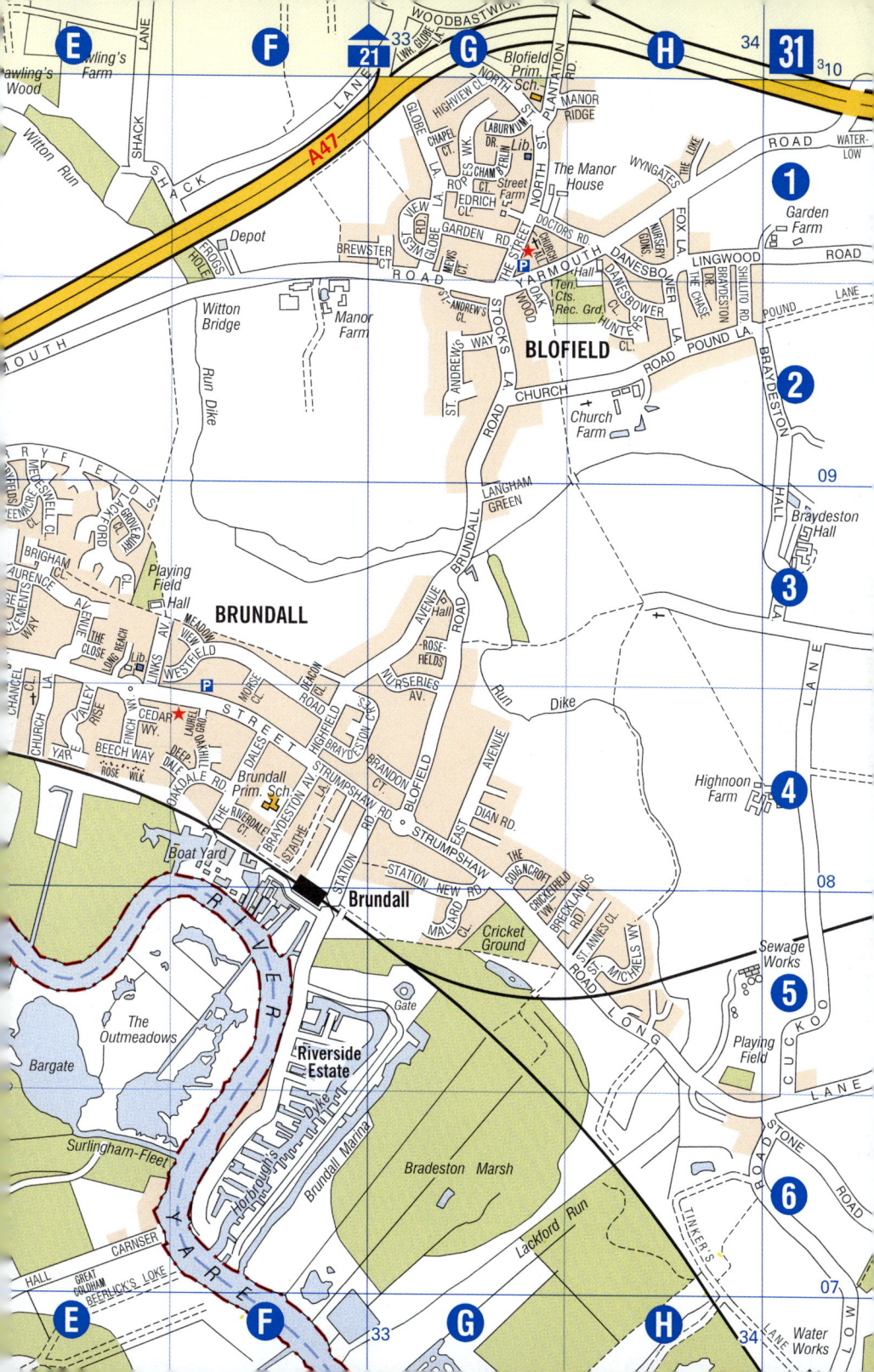

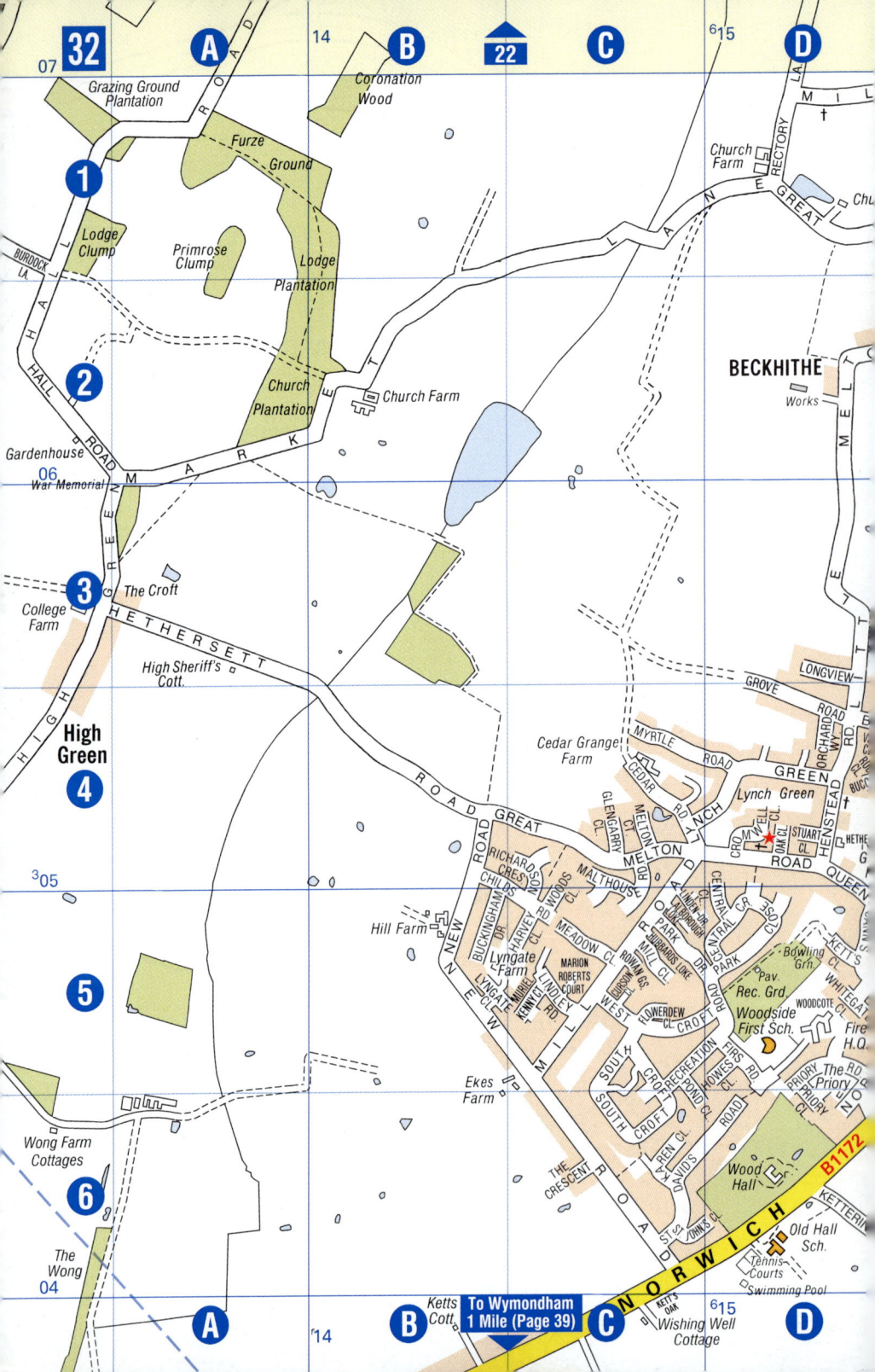

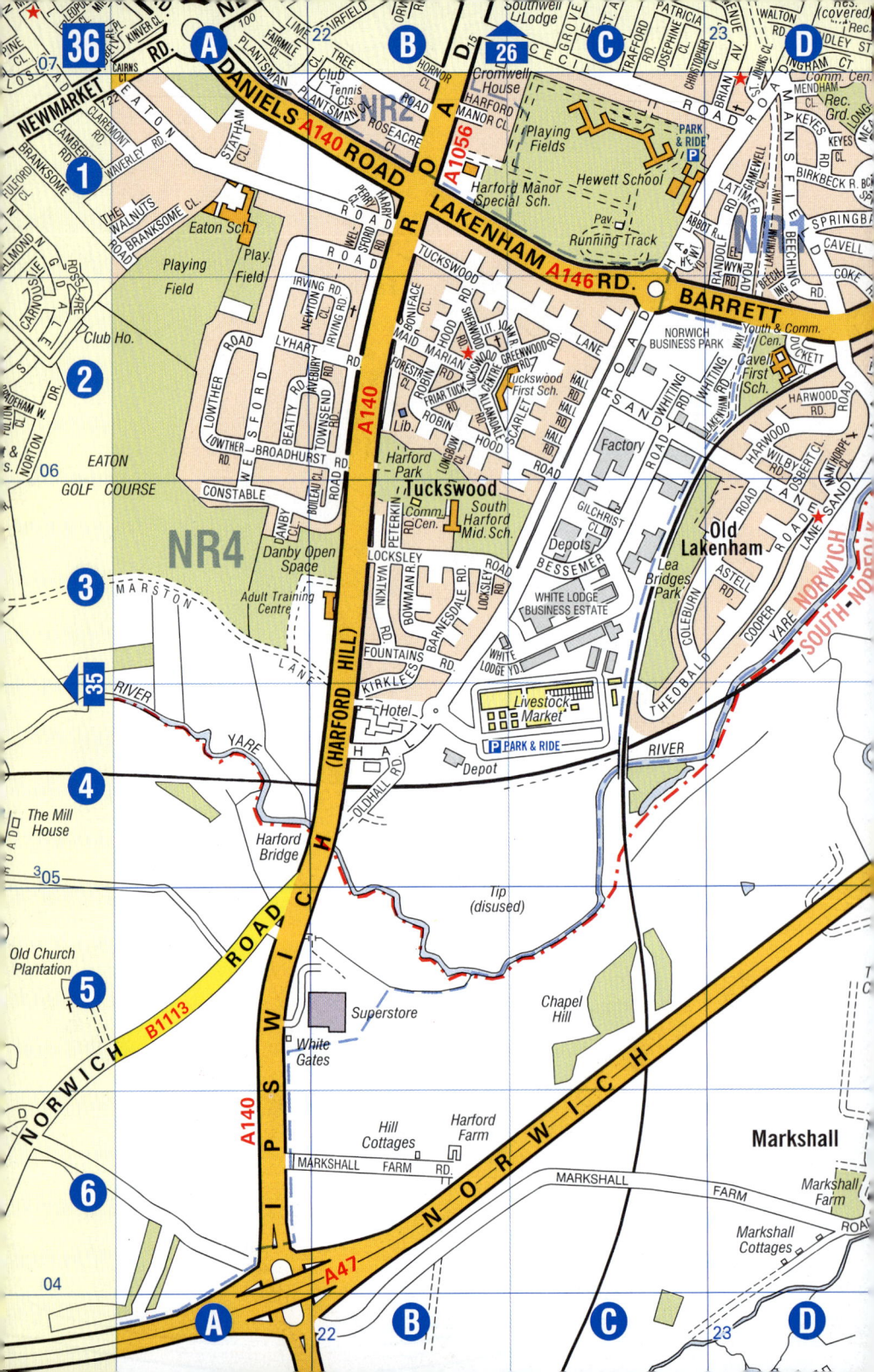

E
F
G
H
27
LAKENHAM
County Hall
24
625
07
Ski Slope
Depot
RIVER
Trowse Millgate
TROWSE NEWTON
Long John's Hill
Tennis Cts.
Bowling Grn.
Works
Cemetery
Bowl. Gn.
Sch.
Stone Cotts.
Kirby Road Plantation
Pav.
Football Grd.
Blockhill Cotts.
The Dell
North Lodge
Home Farm
Bixley Manor
Mill House
Bixley Hill Cotts.
MARTINEAU LANE
A1054
ROAD MARTINEAU
A146
TROWSE BY-PASS
BY-PASS
LODDON RD.
BUNGAY ROAD
B1332
SOUTHERN BY-PASS
A47
WHITE HORSE LANE
KIRBY ROAD
Campsite
Henge
Boundary Belt
Valley Belt
Factory
OLD STOKE RD.
WHITE HORSE ROAD
ARMINGHALL LANE
NR14
White House
Lime Pit
Pumping Station
Depot
Manor Farm
Manor House
Moat
The Grays
Park Cottages
Meadow Cottages
Arminghall Wood
Stone Cottage
Church Farm
Arminghall
CHURCH CL.
ARMINGHALL LA.
Hall
HALLBACK LANE
Caistor St. Edmund
Cantley Hill
Broken Back Plantation
The Rectory
Wood Field Plantation
Caistor Wood
CAISTOR LA.
305
06
04
1
2
3
4
5
6

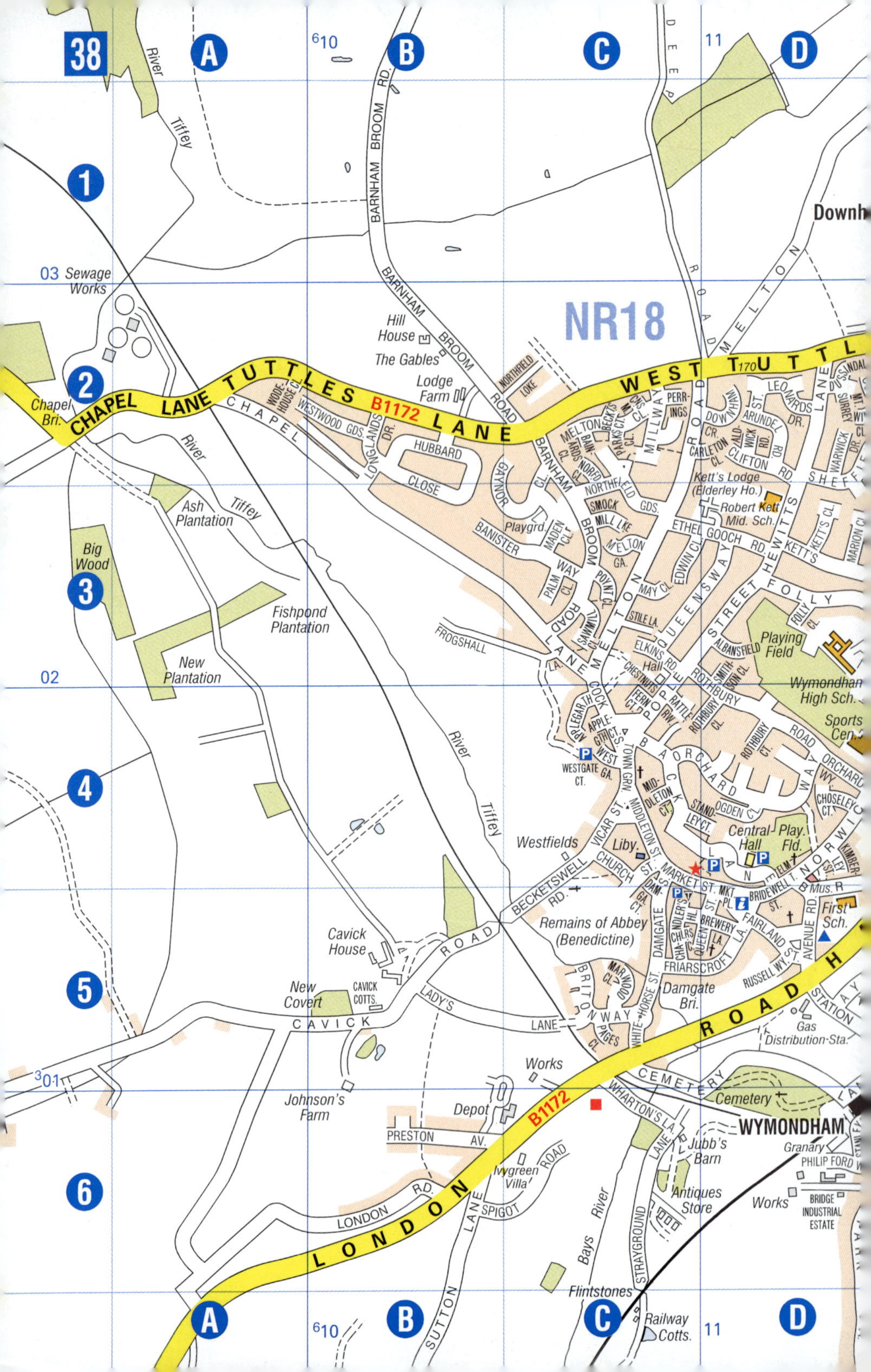
A
B
C
D
1
2
3
4
5
6
610
11
03
02
301
NR18
River Tiffey
Sewage Works
Chapel Bri.
CHAPEL LANE
TUTTLES LANE
WEST TUTTLES LANE
B1172
Ash Plantation
Big Wood
Fishpond Plantation
New Plantation
BARNHAM BROOM RD.
BARNHAM BROOM ROAD
Hill House
The Gables
Lodge Farm
WODEHOUSE CL.
WESTWOOD GDS.
LONGLANDS DR.
HUBBARD CLOSE
GAYNOR CL.
BANISTER WAY
Playgrd.
MADEN CL.
PALM CL.
NORTHFIELD LOKE
NORTHFIELD GDS.
SMOCK MILL LKE
MELTON GA.
MELTON CL.
BECKETTS CT.
PARKS CT.
MILLWAY
PERRINGS
DEEP ROAD
MELTON ROAD
MELTON LANE
Downham
DOWNHAM CR.
CARLETON CL.
ALDWICK RD.
ARUNDEL RD.
CLIFTON RD.
LEONARDS DR.
SURREY
WARWICK DR.
SHEFFIELD
Kett's Lodge (Elderley Ho.)
Robert Kett Mid. Sch.
ETHEL GOOCH RD.
EDWIN CL.
QUEENS WAY
HEWITTS
KETT'S CL.
KETT'S
MARION CL.
FOLLY
FOLLY CL.
STREET
MAY CL.
POYNT CL.
SAWMILL CL.
STILE LA.
ELKINS RD.
Hall
FROGSHALL LA.
CHESTNUTS
FERN CT.
POPES RW.
RATTLE
ROTHBURY RD.
ROTHBURY CL.
ROTHBURY CT.
ROAD
ALBANSFIELD
SMITHSON CL.
Playing Field
Wymondham High Sch.
Sports Cen.
APPLEGARTH
APPLEGARTH CT.
COCK ST.
WEST GA.
WESTGATE CT.
TOWN GRN.
BACK LANE
ORCHARD WAY
OGDEN CL.
STANDLEY CT.
MIDDLETON CT.
MIDDLETON ST.
VICAR ST.
ORCHARD WY.
CHOSELEY CT.
Central Hall
Play. Fld.
Westfields
Liby.
BECKETSWELL RD.
CHURCH ST.
MARKET ST.
MKT PL.
BRIDEWELL ST.
NORWICH R
ELM TER.
KIMBERLEY
Mus.
First Sch.
DAMGATE
DAMGATE ST.
CHANDLER'S CT.
CHURCH HL.
QUEEN ST.
BREWERY LA.
FAIRLAND ST.
AVENUE RD.
Remains of Abbey (Benedictine)
FRIARSCROFT LA.
RUSSELL WY.
MARWOOD CL.
BRITON WAY
WHITE-HORSE ST.
Damgate Bri.
STATION
PAGES CL.
ROAD
Gas Distribution Sta.
Cavick House
New Covert
CAVICK COTTS.
CAVICK ROAD
LADY'S LANE
Johnson's Farm
Works
Depot
CEMETERY
WHARTON'S LA.
Cemetery
WYMONDHAM
Granary
PHILIP FORD W
PRESTON AV.
LONDON RD.
LONDON ROAD
Ivygreen Villa
ROAD
SPIGOT
SUTTON LANE
River Bays
STRAYGROUND LANE
Jubb's Barn
Antiques Store
Works
BRIDGE INDUSTRIAL ESTATE
Flintstones
Railway Cotts.

E
F
G
H
12
13
Kidd's Moor
Mayes Farm
Elm Farm
Downham Grove
Carpenter's Farm
COMMON
B1172
NORWICH
RD.
To Hethersett 1 Mile (Page 32)
DOWNHAM
GROVE
Sack Factory
SKIPPING BLOCK ROW
03
The Foster Harrison Mem. Grd.
Grove Farm Cottages
The Homestead
Club
253
SPINK'S LA.
Milebridge Farm
LANE
EAST
NORWICH
GREENLAND AV.
ESTELLE WY.
FIONA CL.
ASHLEY GDS.
AVENUE
MAPLE CL.
HAWTHORNE CL.
SHEFFIELD
FINDERNE DR.
ASH CL.
BEECH CL.
Ashleigh First Sch.
Play. Field
ROAD
HOLLY CT.
CEDAR CT.
SYCAMORE
OAKWOOD DR.
ROWAN CL.
ROAD
Mile Stone Farm
Super-store
A11
Nursing Ho.
TURNER CL.
TREE
WILLOW CL.
LIME TREE CL.
CL.
HIGH HOUSE
HIGH HOUSE AV.
NORWICH RD.
NORWICH
ROAD
FARM
B1172
SPINK'S LA.
LANE
Oak Plantation
WYMONDHAM
RINGERS LA.
ROPE CL.
BELL
MARGARET REEVE CL.
VIMY DR.
VIMY RIDGE
ROAD
FRITILLARY DR.
RED ADMIRAL CL.
PEACOCK
CHALKHILL BLUE DR.
HOLLY BLUE RD.
SPEEDWELL
SPINDLE CL.
MDW. BRN.
GATEKEEPER CL.
Hart's Farm
Gristlewood
02
ROAD
VETCH CL.
WAY
RD.
Moot Hill (Ringwork)
WOOD AVENS WY.
GLADE
PETTY SPURGE SQ.
HERB WK.
HERB ROBERT
WILLOW
MALLOW
BLACKTHORN
DOGWOOD CL.
BRAMBLE WAY
CRABAPPLE CL.
GUNTON RD.
Browick
Browick Hall
SPINK'S
KETTERINGHAM
Brickkiln Farm
ICK
Crossing Cott.
reation ound
Works
ROAD
ROAD
BROWICK ROAD
Browick Cotts.
New Cotts.
Wiffen's Farm
AYTON RD. INDUSTRIAL ESTATE
OKS WY.
Banham's Farm
STANFIELD
LIZARD
The Lizard
ELAN CL.
ELISE WY.
ESPRIT CL.
GHTUP
Hill House
River Tiffey
Oxford Common
B1135
Storage Depot
ROAD
Factory
LANE
A11
Sand and Gravel Pit
RIGHTUP LA.
01
1
2
3
4
5
6

A
B
C
D
04
626
27
03
02
301
1
2
3
4
5
6
Bixleybottom Plantation
Octagon Farm
Old Manor Farm
Lord's Wood
Lodge
The Manor Farm
Manor House
Tennis Courts
Pumping Sta.
Osier Carr
THE RAMBLERS
HIGHLAND
BUNGAY RD.
NORWICH ROAD
B1332
Reservoir Plantation
Poringland Wood
Framingham Earl High School
Tennis Courts
Playing Fields
Hill House
Rosendale
Lodge
Keeper's Cottage
CAISTOR LANE
SOUTH WOOD DR.
ST. EDMUND CL.
Bog Plantation
Heath Barn
OAKLANDS
HIGHGROVE CT.
GREENACRES DR.
OAKCROFT DR.
CLEARVIEW DR.
PIGOT LANE
SPUR LANE
BEECH WALK
Forty Acre Plantation
Dimora
Radar Station
Radio Station
Heath Farm
LONG ROAD
Dairy
Framingham Earl
The Old Hall
CHANDLER ROAD
PINE LOKE
MILL CL.
OLD MILL RD.
STOKE ROAD
THE RIDINGS
BOUNDARY WAY
HILLSIDE
Poringland Plantation
RIGBY CL.
FITZGERALD RD.
JOHN DREWRY CL.
ALSTON CL.
CAROL CL.
BIRKBECK CL.
Model Farm
ROMANY WLK.
CAWSTONS MEADOW
ST. ANNES
OAK AV.
PORINGLAND
ST. MARYS RD.
ROSEBERY AV.
SALISBURY CL.
PORINGLAND ROAD
Heath Farm
Hall
LONG LA.
Upper Stoke
BRICKLE LOKE
Bungalow Farm
SPRUCE CR.
SUNNYSIDE AV.
Recreation Ground
ST. ANDREWS CL.
ALL SAINTS
Heath Loke Farm
HEATH LOKE
THE FOOTPATH
Prim. Sch.
Playing Field
Wood Smoke
Sludge Ponds
SPRINGFIELDS
HARDESTY CL.
HADDEN CL.
Cemetery
Brickle Wood
Long Plantation
WINDMILL CL.
PAGE CL.
MALTEN CL.
GREEN FALL
CROMES OAK CL.
ELIZABETH CL.
Bowling Green
RECTORY
THE STREET
BUNGAY
SAXONFIELDS
FORGE CL.
Porch Farm
BRICKLE ROAD
Dormer House
CHURCH LANE
Church Farm
MEADOW WY.
ALDER CL.
CRITOPH CL.
Grove Farm
CARR LANE
Dawn
Brickle Cottages
Grove Cottage
SHOTESHAM ROAD
WEST VIEW
GLENN RD.
JUBILEE WK.
Odd Acre
LEAFYOAK LA.
HOWE LANE
Abbot's Plantation
St.Michaels
BARRI CL.
Abbot's Farm
West Poringland
Poultry Houses
West Green Farm
Orchard Cottages

E
F
G
H
28
29
04
03
02
301
1
2
3
4
5
6
The Rectory
Swiss Cottage
BRAMERTON LA.
FRAMINGHAM ROAD
MILL LA.
ST. EDMUND'S WY.
NEWATCH LA.
WOOLNER'S LA.
Garden Centre
Home Farm
LODDON ROAD
A146
SUCKLING LA.
Framingham Pigot
STREET
LANE
Gas Booster Station
The Beck
Cottage Farm
SLADE LANE
Church Plantation
Long Pond Wood
Poultry Farm
Primrose Grove
GULL LANE
YELVERTON ROAD
The Glebe
The Old Rectory
NR14
Boundary Farm Cottages
Boundary Farm
FRAMINGHAM EARL LANE
Hill House
Pond Farm
BARK LANE
CHURCH ROAD
Church Farm Cottages
Church Farm
Drain
The Hall
Moat
BURGATE LANE
BRAMBLE WAY
BROOKS MEADOW
WHITE HOUSE GDS.
Yelverton
Cedar House
CHURCH MEADOW
Hall
PRIORY CL.
ST. MARY'S CL.
CHERRYWOOD
GILBERT CL.
ALBERTA PIECE
Burgate Lane Farm
FORTUNE GREEN
WHEEL LANE
Alpington School
Alpington
ROAD
Dairy Farm
REEDER'S LANE
MEADOW LANE
Church (Site of)
Alpington Hall
CHURCH
Hall Farm Cotts.
B1332
ROAD
Hope House
Sewage Works

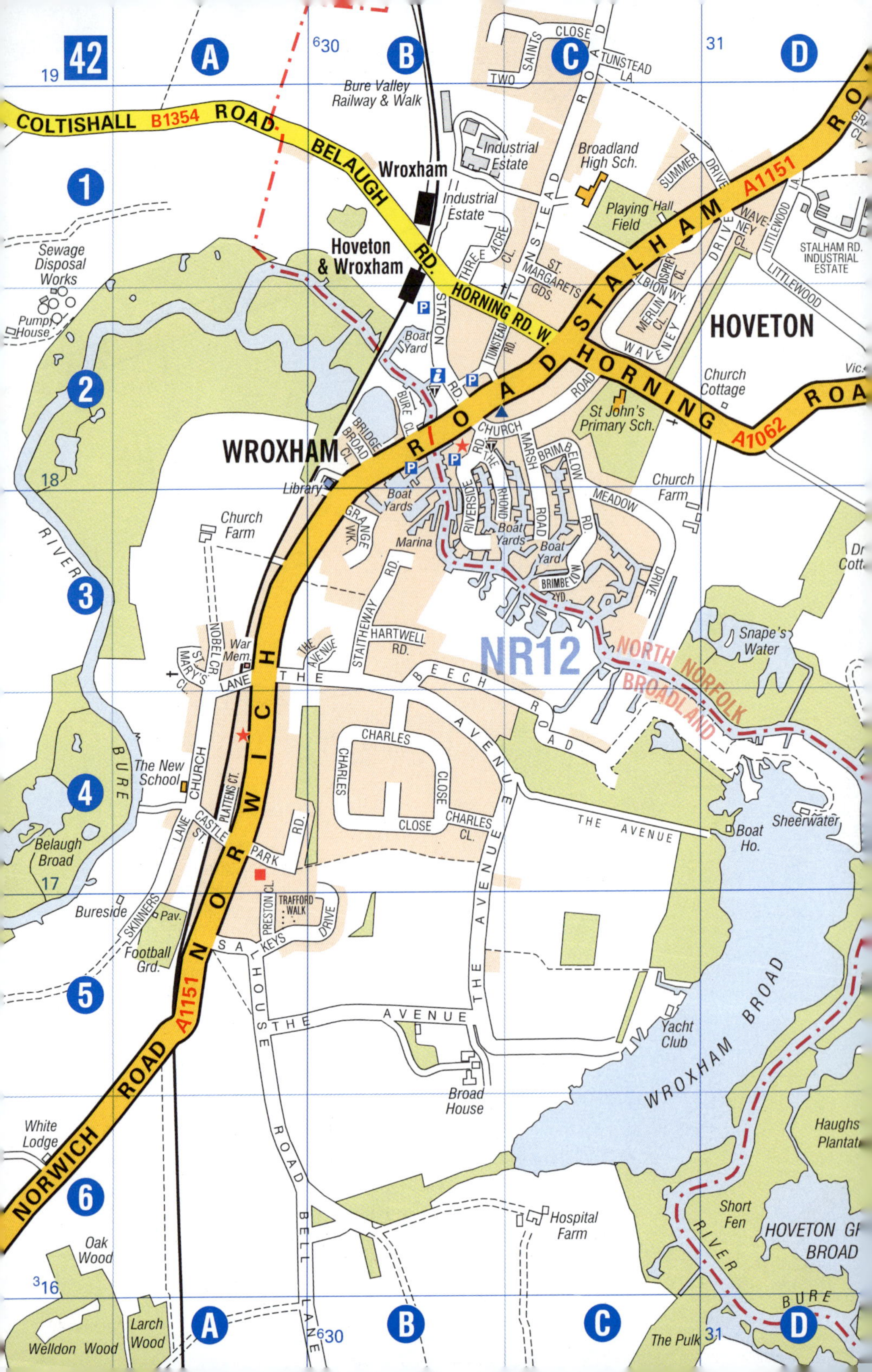
COLTISHALL B1354 ROAD
BELAUGH ROAD
Bure Valley Railway & Walk
Wroxham
Hoveton & Wroxham
Industrial Estate
Broadland High Sch.
Playing Field
TWO SAINTS CLOSE
TUNSTEAD LA.
TUNSTEAD ROAD
SUMMER DRIVE
Hall
WAVENEY CL.
LITTLEWOOD LA.
STALHAM RD. INDUSTRIAL ESTATE
LITTLEWOOD
STALHAM ROAD A1151
THREE ACRE CL.
ST. MARGARETS GDS.
OSPREY CL.
ALBION WY.
MERLIN CL.
WAVENEY DRIVE
HOVETON
HORNING RD. W.
HORNING ROAD A1062
Church Cottage
Vic.
Sewage Disposal Works
Pumpy House
STATION RD.
Boat Yard
BURE CL.
BRIDGE BROAD CL.
CHURCH RD.
THE RHOND
MARSH ROAD
BRIMBELOW RD.
St John's Primary Sch.
Church Farm
MEADOW DRIVE
WROXHAM
Library
Boat Yards
GRANGE WK.
Marina
RIVERSIDE RD.
Boat Yards
Boat Yard
BRIMBELOW YD.
STAITHEWAY RD.
HARTWELL RD.
NR12
NORTH NORFOLK
BROADLAND
Snape's Water
Dr Cott
Church Farm
NOBEL CR.
ST. MARY'S CL.
War Mem.
LANE
THE AVENUE
BEECH ROAD
CHARLES CLOSE
CHARLES CL.
THE AVENUE
RIVER BURE
The New School
CHURCH LANE
CASTLE ST.
PLATTENS CT.
PARK RD.
NORWICH ROAD A1151
Belaugh Broad
Sheerwater
Boat Ho.
Bureside
SKINNERS
Pav.
Football Grd.
PRESTON CL.
TRAFFORD WALK
KEYS DRIVE
SALHOUSE ROAD
Yacht Club
WROXHAM BROAD
Broad House
White Lodge
Hospital Farm
BELL LANE
Haughs Plantat
Short Fen
HOVETON GR BROAD
RIVER BURE
Oak Wood
Larch Wood
Welldon Wood
The Pulk
A B C D
1 2 3 4 5 6
19 630 31 18 17 316

INDEX TO STREETS
Including Industrial Estates and a selection of Subsidiary Addresses.

HOW TO USE THIS INDEX

1. Each street name is followed by its Posttown or Postal Locality and then by its map reference; e.g. Abbey Clo. *Hor F* —3A **10** is in the Horsham St Faith Postal Locality and is to be found in square 3A on page **10**. The page number being shown in bold type. A strict alphabetical order is followed in which Av., Rd., St., etc. (though abbreviated) are read in full and as part of the street name; e.g. Alderson Pl. appears after Alder Clo. but before Alder Way.

2. Streets and a selection of Subsidiary names not shown on the Maps, appear in the index in *Italics* with the thoroughfare to which it is connected shown in brackets; e.g. Barn Ter. *Brun* —3E **31** (off Long Reach)

3. The page references shown in brackets indicate those streets that appear on the large scale map pages **4** and **5**; e.g. Abbey Ct. *Norw* —6E **27** (8E **5**) appears in square 6E on page **27** and also appears in the large scale section in square 8E on page **5**.

GENERAL ABBREVIATIONS

All : Alley	Cotts : Cottages	La : Lane	Ri : Rise
App : Approach	Ct : Court	Lit : Little	Rd : Road
Arc : Arcade	Cres : Crescent	Lwr : Lower	Shop : Shopping
Av : Avenue	Cft : Croft	Mc : Mac	S : South
Bk : Back	Dri : Drive	Mnr : Manor	Sq : Square
Boulevd : Boulevard	E : East	Mans : Mansions	Sta : Station
Bri : Bridge	Embkmt : Embankment	Mkt : Market	St : Street
B'way : Broadway	Est : Estate	Mdw : Meadow	Ter : Terrace
Bldgs : Buildings	Fld : Field	M : Mews	Trad : Trading
Bus : Business	Gdns : Gardens	Mt : Mount	Up : Upper
Cvn : Caravan	Gth : Garth	N : North	Va : Vale
Cen : Centre	Ga : Gate	Pal : Palace	Vw : View
Chu : Church	Gt : Great	Pde : Parade	Vs : Villas
Chyd : Churchyard	Grn : Green	Pk : Park	Wlk : Walk
Circ : Circle	Gro : Grove	Pas : Passage	W : West
Cir : Circus	Ho : House	Pl : Place	Yd : Yard
Clo : Close	Ind : Industrial	Quad : Quadrant	
Comn : Common	Junct : Junction	Res : Residential	

POSTTOWN AND POSTAL LOCALITY ABBREVIATIONS

Acle : Acle	*Eas* : Easton	*Mark* : Markshall	*Sweet B* : Sweet Briar Road Ind. Est.
Alp : Alpington	*Eat* : Eaton	*Marl* : Marlingford	
Arm : Arminghall	*Fram E* : Framingham Earl	*New C* : New Costessey	*Tav* : Taverham
Baw : Bawburgh	*Fram P* : Framingham Pigot	*Norw* : Norwich	*Thor E* : Thorpe End
Bee : Beeston	*Gt Mel* : Great Melton	*Old C* : Old Catton	*Thor A* : Thorpe St Andrew
Bel : Belaugh	*Gt Plum* : Great Plumstead	*Old L* : Old Lakenham	*Tro* : Trowse
Blo : Blofield	*Helle* : Hellesdon	*Por* : Poringland	*W Ear* : West Earlham
Brun : Brundall	*Hemb* : Hemblington	*Post* : Postwick	*W Pot* : West Pottergate
Bux : Buxton	*Hether* : Hethersett	*Rack* : Rackheath	*Wit* : Witton
Cai E : Caistor St Edmund	*Hors* : Horsford	*Ring* : Ringland	*Wrox* : Wroxham
Col : Colney	*Hor F* : Horsham St Faith	*Spix* : Spixworth	*Wym* : Wymondham
Cos : Costessey	*Hov* : Hoveton	*Spro* : Sprowston	*Yel* : Yelverton
Crin : Cringleford	*Kes* : Keswick	*Stoke X* : Stoke Holy Cross	
Cros : Crostwick	*Lit M* : Little Melton	*Stru* : Strumpshaw	
Dray : Drayton	*Lit P* : Little Plumstead	*Surl* : Surlingham	

INDEX TO STREETS

Abbey Clo. *Hor F* —3A **10**
Abbey Ct. *Norw* —6E **27** (8E **5**)
Abbey Farm Commercial Pk.
    Hor F —2H **9**
Abbey La. *Norw* —4E **27** (6E **5**)
Abbey Rd. *Hor F* —3A **10**
Abbot Clo. *Wym* —3D **38**
Abbot Rd. *Norw* —1C **36**
Aberdare Ct. *Norw* —2G **27**
Abinger Way. *Norw* —3H **35**
Acacia Rd. *Norw* —1C **28**
Acland M. *Norw* —3B **16**
Acres Way. *Dray* —3H **7**
Adams Rd. *Norw* —2F **17**
Addey Clo. *Norw* —2E **17**
Adelaide St. *Norw* —2A **26**
    (in two parts)
Admirals Way. *Hether* —4E **33**
Aerodrome Cres. *Norw*
    —1A **28**
Aerodrome Rd. *Norw* —1A **28**

Agricultural Hall Plain. *Norw*
    —3D **26** (4D **4**)
Airedale Clo. *Norw* —6A **16**
Aitken Clo. *Norw* —2G **17**
Alan Rd. *Norw* —5E **27** (8F **5**)
Albansfield. *Wym* —3D **38**
Albany Rd. *Norw* —1C **26**
Albemarle Rd. *Norw* —6A **26**
Alberta Piece. *Alp* —5H **41**
Albert Pl. *Norw* —3F **27**
Albert Ter. *Norw* —5B **26**
Albion Dri. *Norw* —4F **17**
Albion Way. *Hov* —1C **42**
Albion Way. *Norw*
    —4E **27** (6F **5**)
Alborough Loke. *Hether* —5C **32**
Albury Wlk. *Norw* —3G **35**
Alder Clo. *Por* —5C **40**
Alderson Pl. *Norw* —8D **5**
Alder Way. *Tav* —4H **7**
Aldryche Rd. *Norw* —1G **37**

Aldwick Rd. *Wym* —2D **38**
Alexander Ct. *Norw* —6G **35**
Alexandra Rd. *Norw* —3A **26**
Alex Moorhouse Way. *New C*
    —5D **12**
Alford Gro. *Norw* —4F **17**
Alfred Nicholls Ct. *Norw*
    —5C **16**
Allandale Rd. *Norw* —2B **36**
Allen Brooks Way. *Wym*
    —5D **38**
Allens Av. *Norw* —3F **17**
Allens Clo. *Blo* —3G **21**
Allens La. *Norw* —5B **26**
Allen's La. *Spro* —3E **17**
Allerton Clo. *Norw* —4G **17**
Allerton Rd. *Norw* —4G **17**
All Saints Grn. *Norw*
    —5D **26** (7C **5**)
All Saints Rd. *Fram E & Por*
    —4D **40**

All Saints St. *Norw*
    —4D **26** (6C **5**)
Almary Grn. *Norw* —4D **4**
Alma Ter. *Norw* —1C **26**
Alms La. *Norw* —2B **4**
Alnwick Ct. *Norw* —2A **24**
Alston Clo. *Fram E* —3D **40**
Alston Rd. *Norw* —5F **15**
Altongate. *Norw* —4E **19**
Ambleside. *Hether* —4E **33**
Ambleside Clo. *Norw* —3D **24**
Ambrose Clo. *Norw* —1B **24**
Amderley Dri. *Norw* —3G **35**
Amhirst Clo. *Norw* —6E **17**
Ampthill St. *Norw* —4B **26**
Amsterdam Way. *Norw* —1H **15**
Anchor Clo. *Norw*
    —2E **27** (1E **4**)
Anchor Quay. *Norw* —3B **4**
Anchor St. *Norw* —2E **27** (1F **4**)
Angela Clo. *Hors* —1G **9**

A-Z Norwich 43

Angela Cres.—Boswell's Yd.

Angela Cres. *Hors* —1G **9**
Angela Rd. *Hors* —1G **9**
Angel Rd. *Norw* —5C **16**
Anglia Sq. *Norw* —2D **26** (1C **4**)
Anmer Clo. *Norw* —4E **17**
Anna Sewell Dri. *Norw* —2D **16**
Anne Clo. *Norw* —1C **28**
Annes Wlk. *Norw* —1C **4**
Anson Clo. *Hether* —4F **33**
Anson Rd. *Norw* —1A **16**
Anthony Dri. *Norw* —5E **17**
Antingham Rd. *Norw* —6A **18**
Applegarth. *Wym* —4C **38**
Applegarth Ct. *Wym* —4C **38**
Appleyard Cres. *Norw* —4H **15**
Apsley Clo. *Norw* —3G **25**
Arcade St. *Norw* —4D **26** (5C **5**)
Archer Clo. *Norw* —1F **17**
Arden Gro. *Norw* —6F **9**
Arderon Clo. *Norw* —2A **26**
Ardney Ri. *Norw* —4C **16**
Argyle St. *Norw* —5E **27** (7E **5**)
Argyll Cres. *Tav* —5G **7**
Arlington La. *Norw* —5B **26**
Armes Cres. *Norw* —1H **25**
Armes St. *Norw* —1H **25**
Arminghall Clo. *Norw* —4B **16**
Arminghall La. *Arm* —4F **37**
Armitage Clo. *Norw* —4D **34**
Arms Pk. Rd. *Norw* —1A **16**
Armstrong Rd. *Norw* —5B **18**
  (in two parts)
Arneside. *Hether* —4E **33**
Arnfield La. *Norw* —1C **24**
Arnold Miller Clo. *Norw* —1E **37**
Arnold Miller Rd. *Norw* —1E **37**
Arthurton Rd. *Spix* —3F **11**
Arundel Ct. *Norw* —8A **5**
Arundel Rd. *Wym* —2D **38**
Ashbourne Ind. Est. *Norw*
  —3A **16**
Ashbourne Tower. *Norw*
  —5A **18**
Ashby St. *Norw* —5D **26** (8C **5**)
Ash Clo. *Hether* —4E **33**
Ash Clo. *Wym* —2E **39**
Ashdown. *Tav* —4H **7**
Ashgrove. *Dray* —3H **7**
Ash Gro. *Norw* —5D **16**
Ashley Gdns. *Wym* —2F **39**
Ashtree Rd. *Norw* —5B **14**
Ashwell Ct. *Norw* —2A **24**
Aspen Way. *Crin* —3E **35**
Aspland Rd. *Norw*
  —3E **27** (4F **4**)
Association Way. *Norw* —1E **29**
Astell Rd. *Norw* —3D **36**
Astley Rd. *Lit P* —5C **20**
Astley Rd. *Norw* —1A **24**
Atkinson Clo. *Norw* —1H **23**
Atmere Clo. *Norw* —2G **35**
Atthill Rd. *Norw* —2H **25**
Augustus Hare Dri. *Norw*
  —4D **24**
Aurania Av. *Norw* —6C **26**
Auster Clo. *Norw* —3B **16**
Autumn Dri. *Norw* —1C **24**
Avebury Rd. *Norw* —2B **36**
Avenue Rd. *Norw* —4A **26**
Avenue Rd. *Wym* —5D **38**
Avenues, The. *Norw* —5F **25**
Avenue, The. *Wrox* —3A **42**
Avian Way. *Norw* —5H **17**
Avonmouth Rd. *Norw* —4D **24**
Aylesbury Clo. *Norw* —5C **16**
Aylmer Tower. *Norw* —5H **15**
Aylsham Cres. *Norw* —4B **16**

Aylsham Rd. *Norw* —4A **16**
Aylsham Rd. Bus. Pk. *Norw*
  —5B **16**
Ayton Rd. *Wym* —5D **38**
Ayton Rd. Ind. Est. *Wym*
  —5E **39**

Back La. *Hether* —4D **32**
Back La. *Ring* —4A **6**
Back La. *Wym* —4C **38**
Back of the Inns. *Norw* —5C **5**
Back St. *Hor F* —3A **10**
Bacon Rd. *Norw* —4G **25**
Bacton Rd. *Norw* —5A **16**
Badgers Brook Rd. *Dray* —3A **8**
Bagleys Ct. *Norw*
  —3C **26** (4B **4**)
Bailey Clo. *Hether* —5E **33**
Bailey Ct. *Norw* —2B **26**
Baileys Yd. *Norw* —1C **4**
Bainards Clo. *Wym* —2C **38**
Bakers Rd. *Norw*
  —1C **26** (1A **4**)
Balderston Ct. *Norw*
  —2D **26** (2C **4**)
Baldric Rd. *Tav* —4G **7**
Balfour St. *Norw* —1E **27** (1E **4**)
Banister Way. *Wym* —3B **38**
Bank Plain. *Norw*
  —3D **26** (4C **4**)
Bank St. *Norw* —3D **26** (4D **4**)
Barber Pl. *Norw* —4B **28**
Barberry Clo. *Tav* —3E **7**
Barclay Grn. *Norw* —6B **18**
Barclay Rd. *Norw* —6A **18**
Bardolphs Ct. *Tav* —3E **7**
Bargate Ct. *Norw*
  —2D **26** (1D **4**)
Barker's La. *Norw* —2F **17**
Barker St. *Norw* —1B **26** (1A **4**)
Barker Way. *Norw* —4E **19**
Bark La. *Yel* —3H **41**
Barley Ct. *Norw* —6A **14**
Barleyfield Rd. *Hors* —2F **9**
Barnard Rd. *Norw* —1H **23**
Barnards Yd. *Norw* —3B **4**
Barnes Clo. *Norw* —5A **18**
Barnesdale Rd. *Norw* —3B **36**
Barnham Broom Rd. *Wym*
  —1B **38**
Barnham Clo. *Norw* —2H **23**
Barn Mdw. *Tro* —1G **37**
Barn Rd. *Norw* —3B **26** (3A **4**)
Barn Ter. *Brun* —3E **31**
  (off Long Reach)
Barn, The. *Norw* —1B **24**
Barrack Rd. *Norw* —2G **27**
Barrack St. *Norw*
  —2D **26** (1D **4**)
Barrett-Lennard Rd. *Hors* —1F **9**
Barrett Rd. *Norw* —2D **36**
Barri Clo. *Por* —6C **40**
Barrow Clo. *Sweet B* —6G **15**
Barton Way. *Norw* —4F **27**
Barwells Ct. *Norw*
  —4C **26** (6B **5**)
Bassingham Rd. *Norw* —5A **16**
Bately Ct. *Norw* —4H **25**
Bateman Clo. *Norw* —2A **24**
Bates Grn. *Norw* —1D **24**
Bathurst Rd. *Norw* —4A **26**
Bawburgh La. *Norw* —6G **13**
Bawburgh Rd. *Eas* —6A **12**
Bawburgh Rd. *Lit M & Baw*
  —5B **22**
Bawburgh Rd. *Marl* —2A **22**

Baxter Ct. *Norw* —4A **16**
Bay Willow La. *Cros* —1H **11**
Beachcroft. *Norw* —5E **17**
Beaconsfield Rd. *Norw* —1D **26**
Beatrice Rd. *Norw* —3F **27**
Beatty Rd. *Norw* —2A **36**
Beaumont Pl. *Norw* —5B **26**
Beaumont Rd. *Norw* —6C **14**
Becketswell Rd. *Wym* —5C **38**
Becketts Ct. *Wym* —2C **38**
Beckham Pl. *Norw*
  —2D **26** (1C **4**)
Beck La. *Hor F* —1B **10**
Becks Fur. *Tav* —3H **7**
Bedding La. *Norw*
  —2D **26** (2D **4**)
Bedford St. *Norw*
  —3D **26** (4C **4**)
Beech Av. *Tav* —4D **6**
Beechbank. *Norw* —5A **26**
Beechbank Ct. *Norw* —5A **26**
Beechbank Dri. *Thor E* —4E **19**
Beech Clo. *Wym* —2E **39**
Beech Cft. *Norw* —6A **14**
Beech Dri. *Norw* —1F **27**
  (NR1)
Beech Dri. *Norw* —3B **16**
  (NR6)
Beecheno Rd. *Norw* —2C **24**
Beeches Clo. *Norw* —3E **17**
Beeching Clo. *Norw* —2D **36**
Beeching Rd. *Norw* —1D **36**
Beechlands. *Tav* —4E **7**
Beech Rd. *Norw* —5A **26**
Beech Rd. *Wrox* —3B **42**
Beech Wlk. *Fram E* —3D **40**
Beech Wlk. *Kes* —5F **35**
Beech Way. *Brun* —4E **31**
Beechwood Dri. *Norw* —6B **18**
Beechwoods. *Norw* —2C **16**
Beerlick's Loke. *Surl* —6E **31**
Beeston La. *Bee & Rack* —5F **11**
Bek Clo. *Norw* —1F **35**
Belaugh Rd. *Hov* —1B **42**
Bell Clo. *Norw* —1G **15**
Bell Clo. *Tav* —5H **7**
Bellingham Ct. *Norw* —6D **16**
Bell La. *Wrox* —6A **42**
Bellomonte Cres. *Dray* —5A **8**
Bell Rd. *Norw* —6D **16**
Bellrope Clo. *Wym* —3E **39**
Bellrope La. *Wym* —3E **39**
Bellville Cres. *Norw*
  —6E **27** (8E **5**)
Belmore Clo. *Norw* —1B **28**
Belmore Rd. *Norw* —1B **28**
Beloe Av. *Norw* —2B **24**
Belsize Rd. *Norw* —2G **27**
Belt Rd. *Lit P* —1C **20**
Belvedere Pl. *Norw* —6H **25**
Belvoir St. *Norw* —3A **26**
Benbow Clo. *Hether* —4F **33**
Bendish Way. *Norw* —2H **23**
Bensley Rd. *Norw* —5H **25**
Bentley Way. *Norw* —3B **16**
Berkley Clo. *Norw* —2H **15**
Bernard Clo. *Rack* —2G **19**
Berners Clo. *Norw* —6A **16**
Berners Ct. *Norw* —6A **16**
Berners St. *Norw* —6B **16**
Bernham Rd. *Norw* —1F **15**
Berrington Rd. *Norw* —1G **15**
Berryfields. *Brun* —2E **31**
Ber St. *Norw* —4D **26** (6C **5**)
Bertie Rd. *Norw* —6B **16**
Bessemer Rd. *Norw* —3C **36**
Bethel St. *Norw* —3C **26** (4A **4**)

Bevan Clo. *Norw* —3C **24**
Beverley Clo. *Norw* —3F **25**
Beverley Rd. *Brun* —3D **30**
Beverley Rd. *Norw* —2F **25**
Beverley Way. *Dray* —5A **8**
Bewfeld Rd. *Norw* —1H **23**
Bewit Rd. *Norw* —3A **18**
Bidewell Clo. *Dray* —6C **8**
Bignold Rd. *Norw* —5H **15**
Billing Clo. *Norw* —2E **17**
Bill Todd Way. *Tav* —3F **7**
Binyon Gdns. *Tav* —5G **7**
Birch Clo. *Lit M* —1F **33**
Birch Ct. *Norw* —3A **18**
Birch Rd. *Hether* —4E **33**
Birchwood. *Norw* —3D **28**
Birkbeck Clo. *Norw* —1D **36**
Birkbeck Clo. *Stoke X* —3A **40**
Birkbeck Rd. *Norw* —1D **36**
Birkbeck Way. *Norw* —2C **28**
Birkdale. *Norw* —1H **35**
Bishop Bri. Rd. *Norw*
  —3F **27** (2F **4**)
Bishopgate. *Norw*
  —2E **27** (2E **4**)
Bishop Pelham Ct. *Norw*
  —6G **35**
Bishop Ri. *Dray* —3H **7**
Bishops Clo. *Norw* —4A **28**
Bishy Barnebee Way. *Norw*
  —3A **24**
Bixley Clo. *Norw* —3E **25**
Blackberry Ct. *Norw* —5G **15**
Blackfriars St. *Norw*
  —2D **26** (1D **4**)
Blackhorse La. *Norw* —5E **17**
Blackhorse Opening. *Norw*
  —5E **17**
Blackhorse St. *Norw* —2B **26**
Blacksmiths Way. *Norw* —2D **16**
Blackthorn Clo. *Norw* —3C **16**
Blackthorn Rd. *Wym* —4E **39**
Blackwell Av. *Norw* —5F **17**
Blakeney Clo. *Norw* —1F **35**
Blakes Ct. *Norw* —4E **17**
Blakestone Dri. *Norw* —2A **28**
Bland Rd. *Norw* —3C **24**
Blenheim Clo. *Norw* —2G **17**
Blenheim Cres. *Norw* —3G **17**
Blenheim Rd. *Norw* —2G **17**
Blickling Ct. *Norw* —4E **4**
Blickling Rd. *Norw* —2B **16**
Bligh Clo. *Fram E* —4E **41**
Blind La. *Hor F* —3A **10**
Blithe Mdw. Ct. *Norw* —4H **17**
Blithe-Meadow Dri. *Norw*
  —4H **17**
Blithewood Gdns. *Norw* —4H **17**
Blofield Corner Rd. *Blo* —3D **20**
Blofield Rd. *Brun* —4G **31**
Blomefield Rd. *Norw* —5A **16**
Bluebell Cres. *Norw* —1E **35**
Bluebell Rd. *Norw* —4E **25**
Blue Boar La. *Norw* —2H **17**
Blyth Rd. *Norw* —5C **16**
Boardman Clo. *Norw* —4C **16**
Boileau Clo. *Norw* —3B **36**
Bolingbroke Rd. *Norw* —4A **16**
Bonds Rd. *Blo* —2F **21**
Bond St. *Norw* —2H **25**
Bone Rd. *Dray* —5C **8**
Boniface Clo. *Norw* —2B **36**
Booty Rd. *Norw* —6C **18**
Borrowdale Dri. *Norw* —1G **27**
Borton Rd. *Blo* —4F **21**
Boston St. *Norw* —5C **16**
Boswell's Yd. *Norw* —2C **4**

Botolph St.—Chapel Break Rd.

Botolph St. *Norw*
—2C **26** (1B **4**)
Botolph Way. *Norw* —1C **4**
Bottom Breck Clo. *Norw*
—5A **14**
Boulderside Clo. *Norw* —2B **28**
Boulevard, The. *Thor E* —4F **19**
Boulton Rd. *Norw* —2H **27**
Boulton St. *Norw*
—4D **26** (5D **5**)
Boundary Av. *Norw* —3H **15**
Boundary La. *Norw* —3F **29**
Boundary Rd. *Norw* —4G **15**
 (in two parts)
Boundary Way. *Por* —3B **40**
Bowers Av. *Norw* —4H **15**
Bowers Clo. *Norw* —5H **15**
Bow Hill. *Baw* —5A **22**
Bowling Grn. Clo. *Spix* —2H **11**
Bowman Rd. *Norw* —3B **36**
Bowthorpe Cotts. *Norw* —2C **24**
Bowthorpe Employment Area.
Norw —1H **23**
Bowthorpe Hall Rd. *Norw*
—2A **24**
Bowthorpe Main Cen. *Norw*
—2A **24**
Bowthorpe Rd. *Norw* —3E **25**
Brabazon Rd. *Norw* —2A **16**
Bracey Av. *Norw* —2E **17**
Bracken Av. *Norw* —3H **15**
Bracken Clo. *Hors* —1D **8**
Bracondale. *Norw*
—5E **27** (8E **5**)
Bracondale Ct. *Norw* —6E **27**
Bracondale Grn. *Norw*
—5E **27** (8E **5**)
Brade Cft. *Norw* —1C **24**
Bradeham Way. *Norw* —2H **35**
Bradshaw Rd. *Dray* —6D **8**
Braeford Clo. *Norw* —5F **15**
Braithwait Clo. *Norw* —1B **24**
Brakendon Clo. *Norw* —8E **5**
Bramble Av. *Norw* —2H **15**
Bramble Clo. *Dray* —3H **7**
Brambles Clo. *Spix* —3F **11**
Bramble Way. *Por* —4E **41**
Bramble Way. *Wym* —4E **39**
Bramerton La. *Fram P* —1F **41**
Bramfield Clo. *Norw* —2H **25**
Brampton Ct. *Norw* —2B **24**
Brancaster Clo. *Dray* —2A **8**
Brandon Clo. *Norw* —2F **7**
Brandon Ct. *Brun* —4G **31**
Branford Rd. *Norw* —6D **16**
Branksome Clo. *Norw* —1A **36**
Branksome Rd. *Norw* —1H **35**
Brasier Rd. *Norw* —4A **16**
Braydeston Av. *Brun* —4F **31**
Braydeston Cres. *Brun* —4F **31**
Braydeston Dri. *Blo* —1H **31**
Braydeston Hall La. *Blo* —2H **31**
Brayfield Way. *Norw* —1E **17**
Braymeadow. *Lit M* —1F **33**
Braymeadow La. *Lit M* —1F **33**
Brazen Ga. *Norw* —5C **26** (7B **5**)
Breck Farm Clo. *Tav* —3F **7**
Breck Farm La. *Tav* —3F **7**
 (in two parts)
Breckland Rd. *Norw* —6B **14**
Brecklands Rd. *Brun* —5G **31**
Breck Rd. *Norw* —5B **18**
Brenda James Clo. *Norw*
—2B **28**
Brennewater M. *Norw* —1B **24**
Brentwood. *Norw* —2G **35**
Brereton Clo. *Norw* —3D **17**

Brettingham Av. *Norw* —4D **34**
Brewers Ct. *Norw*
 (in two parts) —2E **27** (1E **4**)
Brewery La. *Wym* —5D **38**
Brewster Ct. *Blo* —1F **31**
Breydon Dri. *N. Cos* —2F **13**
Breydon Rd. *Norw* —3E **17**
Brian Av. *Norw* —6C **26**
Briar Ct. *Norw* —2G **25**
Brickfield Loke. *Cos* —2F **13**
Brick Kiln Rd. *Lit P* —2C **20**
Brickle Loke. *Stoke X* —4A **40**
Brickle Rd. *Stoke X* —4A **40**
Bridewell All. *Norw* —4C **4**
Bridewell St. *Wym* —5D **38**
Bridge Broad Clo. *Wrox* —2B **42**
Bridge Ct. *Norw* —2D **26** (2C **4**)
Bridge Farm La. *Norw* —4D **28**
Bridge Ind. Est. *Wym* —6D **38**
Bridle La. *Norw* —6G **35**
Brigg St. *Norw* —4C **26** (5B **5**)
Brigham Clo. *Brun* —3E **31**
Brightwell Rd. *Norw* —4C **16**
Brightys Opening. *Norw*
—2H **25**
Brimbelow Rd. *Hov* —2C **42**
Bristol Ter. *Norw*
—4C **26** (6A **5**)
Britannia Ct. *Norw* —1D **24**
Britannia Rd. *Norw* —1F **27**
Britonway. *Wym* —5C **38**
Broadgate. *Tav* —3E **7**
Broadhurst Rd. *Norw* —2A **36**
Broadland Bus. Pk. N. *Post*
—2G **29**
Broadland Bus. Pk. S. *Norw*
—3F **29**
Broadland Dri. *Thor E* —4E **19**
Broadland Way. *Acle* —3G **29**
Broad La. *Post* —2G **19**
Broadmead Grn. *Thor E* —4F **19**
Broadsman Clo. *Norw* —4F **27**
Broad Vw. *Norw* —4E **19**
Brockwell Ct. *Norw* —5E **17**
Bronde Clo. *Norw* —1D **16**
Brooke Pl. *Norw* —4D **26** (6C **5**)
 (in two parts)
Brooks Mdw. *Por* —4E **41**
Brooks Rd. *Hors* —2G **9**
Broom Av. *Helle* —2H **15**
Broom Av. *Thor A* —1B **28**
Broom Clo. *Norw* —6E **27**
Broom Clo. *Tav* —2F **7**
Broom La. *Eas* —6A **12**
Browick Rd. *Wym* —5D **38**
Browne St. *Norw* —2G **5**
Brundall Low Rd. *Post* —4H **29**
Brundall Rd. *Blo* —3G **31**
Brunswick Rd. *Norw*
—5B **26** (7A **5**)
Bryony Clo. *Norw* —2C **16**
Buccaneer Way. *Hether* —4D **32**
Buck Courtney Cres. *Norw*
—6H **9**
Buckingham Dri. *Hether* —5B **32**
Buckingham Rd. *Norw* —6G **25**
Buckland Ri. *Norw* —3G **35**
Buckthorn Clo. *Tav* —2F **7**
Buck Yd. *Norw* —4B **28**
Bullacebush La. *Blo* —6G **21**
Bullace Rd. *Norw* —6A **14**
Bullard Rd. *Norw* —4B **16**
Bull Clo. *Norw* —2D **26** (1D **4**)
Bull Clo. Rd. *Norw*
 (in two parts) —1D **26** (1D **4**)
Bullies Way. *Blo* —3G **21**
Bull La. *Norw* —5D **26** (7B **5**)

Bullock Hill. *Hor F* —2A **10**
Bulmer Rd. *Norw* —5H **15**
Bulrush Clo. *Hors* —2F **9**
Bumpstede Ct. *Norw* —1B **24**
Bungalow La. *Norw* —3D **28**
Bungay Rd. *Arm* —3H **37**
Bungay Rd. *Por* —5D **40**
Bunnett Sq. *Norw* —4G **25**
Bunns Row. *Hor F* —3A **10**
Burdock La. *Gt Mel* —1A **32**
Bure Clo. *Wrox* —2B **42**
Burgate La. *Por & Fram E*
—4E **41**
Burges Rd. *Norw* —5A **16**
Burhill Clo. *Norw* —3H **35**
Burleigh Tower. *Norw* —5A **18**
Burma Rd. *Norw* —2E **17**
Burnet Rd. *Sweet B* —5G **15**
Burnthouse La. *Lit M* —1F **33**
Burton Clo. *Norw* —2B **16**
Burton Dri. *Rack* —1G **19**
Burton Rd. *Norw* —2B **16**
Bury St. *Norw* —5A **26**
Bush Rd. *Norw* —6G **9**
Bussey Rd. *Norw* —3C **16**
Buttermere Rd. *Norw* —3D **24**
Butts, The. *Norw* —1A **24**
Buxton Clo. *Eas* —5A **12**
Buxton Rd. *Norw* —1C **26**
Buxton Rd. *Spix* —6E **11**
Byfield Ct. *Norw* —6B **16**
Byron Rd. *Tav* —5G **7**

Cadge Clo. *Norw* —2E **25**
Cadge Rd. *Norw* —3E **25**
 (in two parts)
Caernarvon Rd. *Norw* —3A **26**
Cains, The. *Tav* —2F **7**
Cairns Ct. *Norw* —6A **26**
Caistor La. *Cai E* —6E **37**
Caistor La. *Por* —2A **40**
Caledonian Way. *Norw* —3B **16**
Caley Clo. *Sweet B* —5G **15**
Calf Hill. *Hor F* —2B **10**
Calthorpe Rd. *Norw* —2C **24**
Calvert Ct. *Norw* —2D **26** (2C **4**)
Calvert St. *Norw* —2D **26** (2C **4**)
Camberley Rd. *Norw* —1H **35**
Camborne Clo. *Norw* —6D **14**
Cambridge St. *Norw* —5B **26**
Cameron Grn. *Tav* —5H **7**
Camp Gro. *Norw* —3F **27**
Campion Ho. *Norw* —1B **24**
Camp Rd. *Tav* —4F **7**
Canary Way. *Norw* —5F **27**
Cannell Grn. *Norw*
—2E **27** (1F **4**)
Cannerby La. *Norw* —5B **18**
Cann's La. *Hether* —5D **32**
Canns Yd. *Wym* —5D **38**
 (off Brewery La.)
Canterbury Pl. *Norw* —2B **26**
Cantley La. *Norw* —6A **34**
 (in two parts)
Capps Rd. *Norw* —6D **16**
Cardiff Rd. *Norw* —4A **26**
Cardigan Pl. *Norw* —2B **26**
Cardun St. *Blo* —4F **21**
Carleton Clo. *Norw* —4G **17**
Carleton Clo. *Wym* —2D **38**
Carleton Rd. *Norw* —4G **17**
Carlton Gdns. *Norw* —7C **5**
Carlyle Rd. *Norw* —6E **27** (8E **5**)
Carnoustie. *Norw* —2H **35**
Carol Clo. *Stoke X* —3A **40**
Caroline Ct. *Norw* —5G **25**

Carr La. *Por* —6C **40**
Carrow Clo. *Norw* —8E **5**
Carrow Hill. *Norw*
—5E **27** (8E **5**)
Carrow Rd. *Norw* —5E **27** (8F **5**)
Carr's Hill Clo. *Cos* —3B **14**
Carshalton Rd. *Norw*
—6E **27** (8E **5**)
Carterford Dri. *Norw* —4D **16**
Carter Rd. *Dray* —5C **8**
Cartmel. *Hether* —4E **33**
Castle Hill. *Norw* —4D **26** (5C **5**)
Castle Mall. *Norw*
—4D **26** (5C **5**)
Castle Mdw. *Norw*
—4D **26** (5C **5**)
Castle Ri. *Tav* —3H **7**
Castle St. *Norw* —4D **26** (5C **5**)
Castle St. *Wrox* —4A **42**
Castleton Clo. *Norw* —1A **24**
Caston Rd. *Norw* —1C **28**
Cathedral St. *Norw*
—3E **27** (4E **4**)
Catherine Wheel Opening. *Norw*
—1C **26**
Cator Rd. *Dray* —4A **8**
Cattle Mkt. St. *Norw*
—4D **26** (5D **5**)
Catton Chase. *Norw* —2C **16**
Catton Ct. *Norw* —1D **16**
Catton Gro. Rd. *Norw* —4C **16**
Catton Vw. Ct. *Norw* —5C **16**
Causeway Clo. *Norw* —2B **26**
Cavalier Clo. *Norw* —2D **28**
Cavalry Ride. *Norw* —1F **4**
Cavell Rd. *Norw* —1D **36**
Cavendish Ct. *Norw*
—3E **27** (4F **4**)
Cavendish Ho. *Norw*
—3E **27** (4F **4**)
Cavick Cotts. *Norw* —5B **38**
Cavick Rd. *Wym* —5B **38**
Cawstons Mdw. *Por* —3C **40**
Cecil Gowing Ct. *Norw* —3G **17**
Cecil Rd. *Norw* —6B **26**
Cedar Av. *Spix* —1G **11**
Cedar Ct. *Norw* —2E **39**
Cedar Rd. *Hether* —4C **32**
Cedar Rd. *Norw* —4F **27**
Cedars, The. *Norw* —5A **28**
Cedar Way. *Brun* —4E **31**
Cemetery La. *Wym* —5C **38**
Central Av. *Norw* —3E **29**
Central Ho. *Hether* —4D **32**
Central Cres. *Hether* —5D **32**
Century Way. *Dray* —2A **8**
Cere Rd. *Norw* —3H **17**
Chalfont Wlk. *Norw* —1F **35**
Chalgrove Fld. *Norw* —1E **29**
Chalk Hill Rd. *Norw*
—3E **27** (4F **4**)
Chamberlin Clo. *Norw* —1D **16**
Chamberlin Ct. *Blo* —1G **31**
Chamberlin Rd. *Norw* —6C **16**
Chambers Rd. *Norw* —4A **16**
Chancel Clo. *Brun* —4E **31**
Chancellors Dri. *Norw* —5D **24**
Chandler Rd. *Stoke X* —3A **40**
Chandler's Clo. *Norw* —5C **38**
Chandlers Ct. *Norw* —3G **35**
Chandler's Hill. *Wym* —5C **38**
Chantry Rd. *Norw*
—4C **26** (5A **5**)
Chantry, The. *Norw*
—4C **26** (5B **5**)
Chapel All. *Norw* —8D **5**
Chapel Break Rd. *Norw* —1H **23**

A-Z Norwich 45

Chapel Ct.—Dell Cres.

Chapel Ct. *Blo* —1G **31**
Chapel Ct. *Norw* —2G **15**
Chapel Fld. E. *Norw*
 —4C **26** (6A **5**)
Chapel Fld. N. *Norw*
 —4C **26** (5A **5**)
Chapel Fld. Rd. *Norw*
 —4B **26** (5A **5**)
Chapel La. *Norw* —3B **28**
Chapel La. *Wym* —2A **38**
Chapel Loke. *Norw*
 —5D **26** (7C **5**)
Chapel Rd. *Norw* —5B **14**
Chapel Wlk. *Norw* —6A **5**
Chapel Yd. Hor F —2A **10**
 (off Church St.)
Charing Cross. *Norw*
 —3C **26** (4B **4**)
Charles Av. *Norw* —2B **28**
Charles Clo. *Wrox* —4B **42**
Charles James Ct. *Norw*
 —2D **26** (2C **4**)
Charles Jewson Ct. *Norw*
 —5A **16**
Charles Sq. *Norw* —3B **26**
Charles Watling Way. *Norw*
 —1H **23**
Charles Wesley Ct. Norw
 (off Belvoir St.) —3C **26**
Charlton Rd. *Norw*
 —2D **26** (1D **4**)
Chartwell Ct. *Norw* —4E **17**
Chartwell Rd. *Norw* —4C **16**
Chase Clo. *Norw* —2C **16**
Chase, The. *Blo* —2H **31**
Chatham St. *Norw*
 —2C **26** (1A **4**)
Chenery Dri. *Norw* —2H **17**
Cherry Clo. *Norw*
 —6D **26** (8D **5**)
Cherry La. *Norw* —2D **26** (1B **4**)
Cherrywood. *Alp* —5H **41**
Chester Pl. *Norw* —4B **26**
Chester St. *Norw* —5B **26**
Chestnut Av. *Spix* —1G **11**
Chestnut Clo. *Norw* —5H **13**
Chestnut Ct. *Norw* —4A **4**
Chestnut Hill. *Norw* —2F **35**
Chestnuts. *Wym* —3C **38**
Cheyham Mt. *Norw* —2G **35**
Childs Rd. *Hether* —4B **32**
Childs Ter. *Baw* —3E **23**
Chipperfield Rd. *Norw* —6B **18**
Chittock Clo. *Spix* —3G **11**
Choseley Ct. *Wym* —4D **38**
Christchurch Ct. *Norw* —6A **26**
Christchurch Rd. *Norw* —4H **23**
Christine Rd. *Spix* —3G **11**
Christopher Clo. *Norw* —1C **36**
Christopher Ct. *Norw* —2D **24**
Church All. *Blo* —1G **31**
Church All. *Norw*
 —3D **26** (4C **4**)
Church Av. *Norw* —6A **26**
Church Av. E. *Norw* —6A **26**
Church Clo. *Arm* —6H **37**
Church Clo. *Por* —5C **40**
Churchfield. *Dray* —3A **8**
Churchfield. *Norw* —3E **35**
Churchfield Grn. *Norw* —1A **28**
Churchfields. *Hether* —6A **32**
Church Grn. *Norw* —2G **17**
Churchill Rd. *Norw* —1D **26**
Church La. *Brun* —4E **31**
Church La. *Eas* —4A **12**
Church La. *Eat* —2F **35**
Church La. *Spix* —2D **10**

Church La. *Spro* —2G **17**
Church La. *Wrox* —4A **42**
Churchman Rd. *Norw* —5H **17**
Church Mdw. *Alp* —4H **41**
Church Mdw. La. *Alp* —6H **41**
Church Rd. *Blo* —2G **31**
Church Rd. *Post* —4H **29**
Church Rd. *Wrox* —2B **42**
Church Rd. *Yel* —3H **41**
Church St. *Baw* —3D **22**
Church St. *Hors* —2E **9**
Church St. *Hor F* —2A **10**
Church St. *Old C* —2C **16**
Church St. *Wym* —4C **38**
Church Vw. Clo. *Norw* —2G **17**
Church Vw. Ct. *Norw* —2G **17**
Churston Clo. *Norw* —6E **27**
Cintra Rd. *Norw* —3G **27**
Cirrus Way. *Norw* —5H **17**
City Rd. *Norw* —6D **26** (8D **5**)
City Vw. Rd. *Norw* —3H **15**
Civic Gdns. *Norw* —4H **15**
Clabon First Clo. *Norw* —4D **16**
Clabon Rd. *Norw* —5E **17**
Clabon Second Clo. *Norw*
 —4E **17**
Clabon Third Clo. *Norw* —4E **17**
Clancy Rd. *Norw* —6H **17**
Clare Clo. *Norw* —6D **16**
Claremont Rd. *Norw* —1H **35**
Clarence Rd. *Norw* —4F **27**
Clarendon Rd. *Norw* —4B **26**
Clarendon Steps. *Norw* —4A **26**
Clarke Rd. *Norw* —1C **26**
Clark's Loke. *Blo* —4G **21**
Clarkson Rd. *Norw* —2D **24**
Clearview Dri. *Por* —3B **40**
Clement Ct. *Norw* —4C **4**
Cleveland Rd. *Norw*
 —4B **26** (5A **5**)
Cleves Way. *Cos* —3H **13**
Clifton Clo. *Norw* —2B **26**
Clifton Rd. *Wym* —2D **38**
Clifton St. *Norw* —2A **26**
Close, The. *Brun* —3E **31**
Close, The. *Lit M* —6G **23**
Close, The. *Norw* —3E **27**
Clovelly Dri. *Norw* —5F **15**
Clover Ct. *Norw* —4E **17**
Clover Hill Rd. *Norw* —1B **24**
Clover Rd. *Norw* —4E **17**
Coach & Horses Row. *Norw*
 —4C **26** (6A **5**)
Coach Ho. Ct. *Norw* —6H **25**
Coachmans Ct. *Spro* —3E **17**
Coach M. *Norw* —6G **35**
Cobham Way. *Norw* —5H **17**
Coburg St. *Norw* —4C **26** (6B **5**)
Cock St. *Wym* —4C **38**
Coigncroft, The. *Brun* —4G **31**
Coke Rd. *Norw* —2D **36**
Coldershaw Rd. *Norw* —3A **16**
Coldham Hall Carnser. *Surl*
 —6D **30**
Coleburn Rd. *Norw* —5C **36**
Colegate. *Norw* —3C **26** (3B **4**)
Coleman Clo. *Dray* —3A **8**
Coleridge Clo. *Tav* —5G **7**
Colindeep La. *Norw* —3F **17**
Colkett Dri. *Norw* —4D **16**
College La. *Norw* —6G **35**
College Rd. *Norw* —4H **25**
Collingwood Clo. *Hether*
 —5E **33**
Collins Ct. *Norw* —5C **16**
Colls Rd. *Norw* —6A **18**

Colls Wlk. *Norw* —6A **18**
Colman Rd. *Norw* —4G **25**
Colney Dri. *Norw* —3E **35**
Colney La. *Col* —5B **24**
Colney La. *Hether* —4G **33**
Coltishall La. *Hor F* —2A **10**
Coltishall Rd. *Bel* —1A **42**
Columbine Rd. *Hors* —1D **8**
Columbine, The. *Norw* —2H **23**
Common La. *Norw* —4C **28**
Common Loke. *Cros* —1H **11**
Common Rd. *Surl* —6D **30**
Commonwealth Way. *Norw*
 —1E **29**
Compass Tower. *Norw* —5A **18**
Concorde Rd. *Norw* —3B **16**
Conesford Dri. *Norw* —6E **27**
Coniston Clo. *Hether* —4F **33**
Coniston Clo. *Norw* —3D **24**
Connaught Rd. *Norw* —3A **26**
Constable Rd. *Norw* —3A **36**
Constable Ter. *Norw* —5C **24**
Constitution Hill. *Norw* —6D **16**
Constitution Opening. *Norw*
 —5D **16**
Convent Rd. *Norw* —4B **26**
Conyers. *Wym* —2D **38**
Cooke Clo. *Norw* —2H **23**
Cooper La. *Norw* —3D **36**
Coopers Clo. *Tav* —2H **7**
Copeman Rd. *Lit P* —5B **20**
Copemans La. *Norw* —4A **4**
Copeman St. *Norw* —3B **26**
Coppice Av. *Norw* —2F **15**
Corbet Av. *Norw* —5F **17**
Corie Rd. *Norw* —4G **25**
Corncutters Clo. *Norw* —3C **4**
Corner La. *Hors* —2G **9**
Cornwallis Clo. *Norw* —2B **24**
Coronation Clo. *Norw* —3H **15**
Coronation Rd. *Norw* —4H **15**
Corton Ho. *Norw* —8E **5**
Corton Rd. *Norw* —6E **27** (8E **5**)
Coslany Sq. *Norw* —3B **4**
Coslany St. *Norw*
 (in two parts) —3C **26** (3B **4**)
Cossgrove Clo. *Norw* —4A **16**
Costessey La. *Dray* —5A **6**
Costessey Rd. *Tav* —5F **7**
Cotman Fields. *Norw*
 —2E **27** (2F **4**)
Cotman Rd. *Norw* —4G **27**
Cottage Dri., The. *Norw* —1B **28**
Cotterall Ct. *Norw* —1C **24**
Cottinghams Dri. *Norw* —1F **15**
Coughtrey Clo. *Norw* —3G **17**
Courtenay Clo. *Norw* —1A **24**
Covey, The. *Tav* —3G **7**
Cowdewell M. *Tav* —3G **7**
Cowgate. *Norw* —2D **26** (1C **4**)
Cow Hill. *Norw* —3C **26** (4A **4**)
Cozens Hardy Rd. *Norw* —2G **17**
Cozens Rd. *Norw* —5F **27**
Crabapple Clo. *Wym* —4F **39**
Cranage Rd. *Norw* —2D **36**
Cranleigh Ri. *Norw* —2G **35**
Cranwell Gdns. *Por* —4E **41**
Cranworth Gdns. *Norw*
 —5C **26** (8B **5**)
Craske M. *Norw* —1G **23**
Creance Rd. *Norw* —3H **17**
Cremorne La. *Norw* —4G **27**
Crescent, The. *Dray* —5A **8**
Crescent, The. *Hether* —6C **32**
Crescent, The. *Norw*
 —4C **26** (6A **5**)
Cressener Clo. *Norw* —2F **15**

Cresswell Clo. *Norw* —3C **24**
Cricket Clo. *Dray* —2H **7**
Cricketfield Vw. *Brun* —5G **31**
Cricket Ground Rd. *Norw*
 —6E **27**
Cringleford Chase. *Norw*
 —2D **34**
Critoph Clo. *Por* —5D **40**
Crocodile Ct. *Norw* —2B **26**
 (off Ely St.)
Croftholme Way. *Norw* —1H **23**
Crofts, The. *Norw* —2A **24**
Croft, The. *Cos* —2A **14**
Crome Rd. *Norw* —6E **17**
Cromer Rd. *Hor F* —4G **9**
Cromer Rd. *Norw* —1H **15**
Cromes Oak Clo. *Por* —5C **40**
Cromwell Clo. *Hether* —4D **32**
Cromwell Rd. *Norw* —4G **17**
Crooks Pl. *Norw* —5C **26** (7A **5**)
Cross Keys Clo. *Hor F* —2A **10**
Cross La. *Norw* —2C **4**
Cross St. *Norw* —2C **26** (1B **4**)
Crostwick La. *Spix* —2F **11**
Crowes Loke. *Lit P* —2C **20**
Crown Rd. *Hor F* —2A **10**
Crown Rd. *New C* —6C **14**
Crown Rd. *Norw*
 —3D **26** (4D **4**)
Crummock Rd. *Norw* —3D **24**
Cubitt Rd. *Norw* —2H **27**
Cuckoo La. *Stru* —5H **31**
Cucumber La. *Brun* —2D **30**
Culling's Hill. *Post* —5H **29**
Culverin Clo. *Norw* —1E **29**
Cunningham Rd. *Norw* —4D **24**
Curson Clo. *Hether* —5C **32**
Cursons M. *Wym* —2C **38**
Curtis Rd. *Norw* —3A **16**
Custance Ct. *Norw* —6F **25**
Cuthbert Clo. *Norw* —3G **17**
Cutler Way. *Norw* —1G **23**
Cuttons Corner. *Hemb* —3H **11**
Cypress Clo. *Tav* —5H **7**
Cyprus St. *Norw* —6D **26**
Cyril Rd. *Norw* —2C **28**

Dacre Clo. *Norw* —2F **35**
Dakin Rd. *Norw* —6C **16**
Dalbier Clo. *Norw* —1F **29**
Dales Loke. *Norw* —4B **28**
Dales Pl. *Norw* —4C **28**
Dales, The. *Brun* —4F **31**
Dalrymple Way. *Norw* —3B **16**
Damgate Ct. *Wym* —5C **38**
Damgate St. *Wym* —5C **38**
Damocles Ct. *Norw*
 —3C **26** (4A **4**)
Danby Clo. *Norw* —3A **36**
Danesbower Clo. *Blo* —1H **31**
Danesbower La. *Blo* —1H **31**
Daniels Rd. *Norw* —6A **26**
Darrell Pl. *Norw* —2E **25**
Davey Pl. *Norw* —5C **5**
Davidson Clo. *Norw* —2C **26**
Davidson Rd. *Norw* —2C **26**
Dawson Ct. *Norw*
 —5C **26** (8B **5**)
Deacon Clo. *Brun* —4F **31**
Deacon Dri. *Hether* —4E **33**
De Caux Rd. *Norw* —6D **17**
Deepdale. *Brun* —4F **31**
Deep Rd. *Wym* —1C **38**
De Hague Rd. *Norw* —5G **25**
Delane Ct. *Dray* —6D **8**
Dell Cres. *Norw* —2F **25**

46 A-Z Norwich

Dell Loke—Framingham Earl La.

Dell Loke. *Tro* —1G **37**
Dell, The. *Tro* —1G **37**
Deloney Rd. *Norw* —5H **17**
Delta Clo. *Norw* —3B **16**
Denbigh Ho. *Norw* —3A **26**
Denbigh Rd. *Norw* —4A **26**
Denes, The. *Norw* —4H **27**
Denmark Opening. *Norw*
—6D **16**
Denmark Rd. *Norw* —6D **16**
Denmead Clo. *Norw* —3H **35**
Dennis Rd. *Norw* —6G **9**
Denton Rd. *Norw* —4E **17**
Derby St. *Norw* —2B **26**
Dereham Rd. *Eas* —5A **12**
Dereham Rd. *Norw* —2G **25** (NR2)
Dereham Rd. *Norw* —5E **13** (NR5)
Dersley Ct. *Norw* —2H **23**
Desborough Way. *Norw*
—1E **29**
Desmond Dri. *Norw* —1E **17**
Devon Av. *Norw* —3F **15**
Devonshire St. *Norw* —2A **26**
Dial Ho. *Norw* —8A **5**
Diamond Rd. *Norw* —2A **16**
Dian Rd. *Brun* —4G **31**
Dibden Rd. *Norw* —1E **27**
Distillery Sq. *Norw* —3B **26**
Dixon Rd. *Norw* —3F **17**
Dixons Fold. *Norw* —3E **17**
Doctors Mdw. *Hor F* —1A **10**
Doctors Rd. *Blo* —1G **31**
Dodderman Way. *Norw* —4B **24**
Dog La. *Hors* —1B **8**
Dogwood Clo. *Wym* —4F **39**
Dogwood Rd. *Norw* —3C **16**
Dolphin Gro. *Norw* —1A **26**
Dolphin Path. *Norw* —1A **26**
Doman Rd. *Norw*
—5E **27** (8E **5**)
Donchurch Clo. *Norw* —2B **24**
Donkey La. *Norw* —2G **35**
Don Pratt Ct. *Norw* —1E **4**
Doris Rd. *Norw* —4A **26**
Doughty's Hospital. *Norw*
—2C **4**
Douglas Clo. *Norw* —6C **10**
Douglas Haig Rd. *Norw* —3E **25**
Douglas Rd. *Spix* —3F **11**
Douro Pl. *Norw* —3B **26**
Dovedales. *Norw* —3E **17**
Dovedales Ct. *Norw* —3E **17**
Dover St. *Norw* —4A **26**
Dove St. *Norw* —4B **4**
Dowding Rd. *Norw* —1C **16** (in two parts)
Downham Cres. *Wym* —2D **38**
Downham Gro. *Wym* —1G **39**
Downing M. *Norw* —1G **23**
Dowsing Ct. *Norw* —6E **19**
Dowson Rd. *Norw* —6A **16**
Dragoon Clo. *Norw* —2E **29**
Dragoon St. *Norw*
—1E **27** (1F **4**)
Drake Clo. *Hether* —4E **33**
Draper Way.. *Norw* —1G **23**
Drayton Gro. *Dray* —5A **8**
Drayton Hall Pk. Rd. *Dray*
—5C **8**
Drayton High Rd. *Dray & Norw*
—5B **8**
Drayton Ind. Est. *Dray* —5A **8**
Drayton La. *Hors* —3D **8**
Drayton Lodge Pk. *Dray* —6C **8**
Drayton Rd. *Norw* —5G **15**

Drayton Wood Rd. *Norw*
—1E **15**
Drewray Dri. *Tav* —2H **7**
Drive, The. *Norw* —1C **24**
Drive, The. *Tro* —1H **37**
Drove, The. *Tav* —3F **7**
Drury Clo. *Norw* —1C **24**
Dryden Rd. *Tav* —5G **7**
Duckett Clo. *Norw* —2D **36**
Duff Rd. *Norw* —5C **16**
Dugard Av. *Norw* —1G **27**
Duke St. *Norw* —2C **26** (2B **4**)
Dunch Cres. *Hemb* —4H **21**
Dunston Cotts. *Norw* —8F **5**
Dunwood Dri. *Norw* —6E **11**
Durham St. *Norw* —5A **26**
Dussindale. *Wym* —2D **38**
Dussindale Dri. *Norw* —5E **19**
Duverlin Clo. *Norw* —2H **35**
Dyers Yd. *Norw* —3C **26** (3B **4**)
Dye's Rd. *Blo* —2D **20**

Eade Rd. *Norw* —1C **26**
Eagle Wlk. *Norw* —5B **26**
Eagle Way. *Hether* —4E **33**
Earlham Ct. *Norw* —3B **26**
Earlham Grn. La. *W Ear* (in two parts) —2A **24**
Earlham Gro. *Norw* —3E **25**
Earlham Ho. *Norw* —4H **25**
Earlham Rd. *Norw* —3G **25** (NR2)
Earlham Rd. *Norw* —4D **24** (NR4)
Earlham W. Cen. *Norw* —3D **24**
Earnshaw Ct. *Norw* —4A **28**
East Av. *Brun* —4G **31**
Eastbourne Pl. *Norw*
—3E **27** (4E **4**)
Eastern Av. *Norw* —2D **28**
Eastern Clo. *Norw* —2D **28**
Eastern Cres. *Norw* —2D **28**
Eastern Rd. *Norw* —2D **28**
E. Farm La. *Hor F* —1C **10**
Eastfield. *Tav* —5G **7**
E. Hills Rd. *Norw* —6G **13**
Easton Rd. *Marl* —1A **22**
Eastwood M. *Norw* —4D **16**
Eaton Cen. *Norw* —2F **35**
Eaton Chase. *Norw* —1F **35**
Eaton Rd. *Norw* —1A **36**
Eaton St. *Norw* —3E **35**
Ebbisham Dri. *Norw* —3G **35**
Ebenezer Pl. *Norw*
—1C **26** (1A **4**)
Ecton Wlk. *Norw* —2E **17**
Eden Clo. *Norw* —4H **27**
Edgefield Clo. *Norw* —6E **11**
Edgehill. *Norw* —1F **29**
Edgeworth Rd. *Norw* —3D **24**
Edinburgh Rd. *Norw* —3H **25**
Edmund Bacon Ct. *Norw*
—6C **16**
Edrich Clo. *Blo* —1G **31**
Edrich Way. *Norw* —2H **23**
Edward Gambling Ct. *Norw*
—1A **26**
Edwards Rd. *Norw* —2F **17**
Edward St. *Norw*
—1C **26** (1B **4**)
Edwin Clo. *Wym* —3C **38**
Egyptian Rd. *Norw*
—2F **27** (2F **4**)
Elan Clo. *Wym* —5E **39**
Eleanor Rd. *Norw*
—6C **26** (8B **5**)

Elise Way. *Wym* —6E **39**
Elizabeth Av. *Norw* —2C **28**
Elizabeth Clo. *Norw* —2G **17**
Elizabeth Clo. *Spix* —1F **11**
Elizabeth Fry Rd. *Norw* —4G **25**
Elizabeth Rd. *Por* —5C **40**
Elkins Rd. *Wym* —3C **38**
Ella Rd. *Norw* —3F **27**
Ellcar Ri. *Norw* —2H **35**
Ellis Gdns. *Norw* —6G **35**
Elm Clo. *Lit M* —1F **33**
Elm Clo. *Norw* —5A **14**
Elmdon Ct. *Norw* —3F **27**
Elm Gro. La. *Norw* —5C **16**
Elm Hill. *Norw* —3D **26** (3C **4**)
Elms, The. *Norw* —4A **26** (NR2)
Elms, The. *Norw* —1D **16** (NR6)
Elm Ter. *Wym* —4D **38**
Elstead Clo. *Norw* —3G **35**
Elveden Clo. *Norw* —2G **35**
Elvina Rd. *Spix* —2F **11**
Elvin Way. *Sweet B* —6G **15**
Elwyn Rd. *Norw* —1D **36**
Ely St. *Norw* —2B **26**
Embry Cres. *Norw* —1C **16**
Emmas Way. *Lit P* —2C **20**
Enfield Rd. *Norw* —3D **24**
English Rd. *Norw* —3D **16**
Ernest Clo. *Dray* —3H **7**
Ernest Gauge Av. *Norw* —5E **13**
Esdelle St. *Norw* —1C **26** (1B **4**) (in two parts)
Esprit Clo. *Wym* —6E **39**
Essex St. *Norw* —4B **26**
Estelle Way. *Wym* —2F **39**
Ethel Gooch Rd. *Wym* —3C **38**
Ethel Rd. *Norw* —4F **27**
Europa Way. *Norw* —1F **37**
Eustace Rd. *Norw* —4H **15**
Eva Rd. *Rack* —1G **19**
Eversley Rd. *Norw* —3A **16**
Everson Clo. *Norw* —6D **14**
Exchange St. *Norw*
—3C **26** (4B **4**)
Exeter St. *Norw* —2B **26**
Exmouth Clo. *Hether* —4E **33**

Fairfax Dri. *Norw* —6E **19**
Fairfax Rd. *Norw* —5G **25**
Fairfield Clo. *Lit P* —2C **20**
Fairfield Rd. *Norw* —6B **26**
Fairhaven Ct. *Norw* —3H **25**
Fairland St. *Wym* —5D **38**
Fairmile Rd. *Norw* —6A **26**
Fairstead Ct. *Norw* —4F **17**
Fairstead Rd. *Norw* —4F **17**
Fairview Clo. *Dray* —6B **8**
Fairways. *Norw* —2E **15**
Fakenham Rd. *Tav & Dray*
—1A **6**
Falcon M. *Norw* —3H **17**
Falcon Rd. E. *Norw* —4H **17**
Falcon Rd. W. *Norw* —3G **17**
Falkland St. *Norw* —2E **15**
Fallowfield. *Por & Fram E*
—4D **40**
Fallowfield Clo. *Norw* —1H **27**
Fallows, The. *Tav* —3G **7**
Farmers Av. *Norw*
—4D **26** (5C **5**)
Farmland Rd. *Norw* —5A **14**
Farrow Rd. *Norw* —3G **25**
Fastolf Clo. *Norw* —2F **15**
Fellowes Clo. *Norw* —3E **25**

Felsham Way. *Tav* —2H **7**
Fenn Cres. *Norw* —6A **16**
Fern Ct. *Wym* —4C **38**
Ferndale Clo. *Norw* —3F **15**
Fernhill. *Norw* —4G **27**
Ferry La. *Post* —5H **29** (in two parts)
Ferrymans Ct. *Norw* —4A **28**
Ferry Rd. *Norw* —3E **27** (4F **4**)
Ferry Rd. *Surl* —5B **30**
Fiddlers Loke. *Cros* —1H **11**
Fiddlewood Rd. *Norw* —3C **16**
Fieldfare Clo. *Spix* —3G **11**
Fielding Ct. *Norw* —6C **26**
Field La. *Blo* —5G **21**
Field Rd. *Ring* —5A **6**
Fieldview. *Norw* —3F **25**
Fiennes Rd. *Norw* —6E **19**
Fifers La. *Norw* —1A **16**
Fifers La. Trad. Est. *Norw*
(in two parts) —1A **16**
Finch Clo. *Norw* —5A **18**
Finchley Ct. *Norw* —2A **26**
Finch Way. *Brun* —4E **31**
Finderne Dri. *Wym* —2E **39**
Finkelgate. *Norw* —5D **26** (8D **5**)
Fiona Clo. *Wym* —2F **39**
Fir Covert Rd. *Tav* —3E **7**
Firethorn Clo. *Tav* —3E **7**
Firman Ct. *Norw* —1C **28**
Firs Rd. *Hether* —5D **32**
Firs Rd. *Norw* —1G **15**
Fir Tree Clo. *Brun* —3D **30**
Firtree Rd. *Norw* —6B **18**
Firwood Clo. *Norw* —1H **27**
Fishergate. *Norw*
—2D **26** (2C **4**)
Fisher's Clo. *Norw* —6H **21**
Fishers La. *Norw* —3C **26** (4A **4**)
Fitzgerald Rd. *Norw* —2D **36**
Fitzgerald Rd. *Por & Fram E*
—3D **40**
Fitzhenry M. *Norw* —1C **24**
Fleet Rd. *Cos* —1D **12**
Fleetwood Dri. *Norw* —1E **29**
Fletcher Way. *Norw* —4B **16**
Florence Rd. *Norw* —3F **27**
Flowerdew Clo. *Hether* —5C **32**
Folgate Clo. *Cos* —2A **14**
Folgate La. *Cos* —2A **14**
Folly Clo. *Wym* —3D **38**
Folly Gdns. *Wym* —3D **38**
Folly Rd. *Wym* —3D **38**
Folwell Rd. *Norw* —6H **13**
Footpath, The. *Por* —4C **40**
Foregate Clo. *Tav* —3G **7**
Forester Clo. *Norw* —2B **36**
Forge Clo. *Por* —5D **40**
Fortune Grn. *Alp* —5H **41**
Foster Clo. *Brun* —3D **30**
Foster Rd. *Norw* —4C **16**
Foulgers Ho. *Norw* —7E **5**
Foulgers Opening. *Norw*
—5E **27** (8E **5**)
Fountain Ct. *Norw* —8A **5**
Fountains Rd. *Norw* —3B **36**
Fowell Clo. *Norw* —3C **24**
Foxburrow Rd. *Norw* —2F **17**
Foxcotte Clo. *Norw* —6F **9**
Fox La. *Blo* —1H **31**
Fox La. *Fram P* —1D **40**
Foxley Rd. *Norw* —3E **25**
Fox Rd. *Fram P* —1D **40**
Fox Wood. *Hemb* —4H **21**
Foxwood Clo. *Tav* —2H **7**
Framingham Earl La. *Yel*
—3G **41**

Framingham Rd.—Harvey Clo.

Framingham Rd. *Fram P*
—1G **41**
Frances Ct. *Norw* —3A **26**
Francis La. *Blo* —3F **21**
Francis Way. *Norw* —6H **13**
Freeland Clo. *Tav* —2H **7**
Freeman Sq. *Norw* —1B **26**
Frenbury Est. *Norw* —4G **15**
Frensham Rd. *Sweet B* —6G **15**
Frere Rd. *Norw* —6A **18**
Freshfield Clo. *Norw* —2D **24**
Freshwater Way. *Dray* —2A **8**
Friars Cft. *Wym* —5D **38**
  (off Friarscroft La.)
Friarscroft La. *Wym* —5C **38**
Friars Quay. *Norw*
—3D **26** (3C **4**)
Friar Tuck Rd. *Norw* —2B **36**
Friends Rd. *Norw* —4D **24**
Fritillary Dri. *Wym* —3F **39**
Frogs Hall La. *Norw* —4G **27**
Frogshall La. *Wym* —3B **38**
Frogs Hole. *Blo* —1F **31**
Frost Clo. *Norw* —1C **28**
Frost Ind. Pk. *Dray* —6C **8**
Fugill Grn. *Norw* —6A **18**
Fugill Rd. *Norw* —5A **18**
Fulford Clo. *Norw* —1H **35**
Fuller Clo. *Rack* —1F **19**
Fuller M. *Norw* —1H **23**
Fulton Clo. *Norw* —2H **35**
Furze Av. *Norw* —1B **28**
Furze La. *Tav* —1G **7**
Furze Rd. *Norw* —1B **28**
Fye Bri. St. *Norw* —2C **4**
Fye Bri. St. *Norw* —2D **26**

Gaffers Ct. *Norw* —4A **4**
Gage Rd. *Norw* —3H **17**
Galley Hill. *Norw* —5H **15**
Gambling Clo. *Norw* —6H **9**
Gamewell Clo. *Norw* —1D **36**
Ganners Hill. *Tav* —2H **7**
Gaol Hill. *Norw* —3C **26** (4B **4**)
Gardeners Ter. *Norw* —3E **17**
Garden Pl. *Norw*
—1D **26** (1C **4**)
Garden Rd. *Blo* —1G **31**
Garden St. *Norw*
—4D **26** (6D **5**)
Gardyn Cft. *Tav* —3G **7**
Gargle Hill. *Norw* —2C **28**
Garrett Ct. *Norw* —6E **17**
Garrick Grn. *Norw* —2D **16**
Gas Hill. *Norw* —3F **27** (3F **4**)
Gatekeeper Clo. *Wym* —4F **39**
Gateley Gdns. *Norw* —4B **16**
Gawdy Rd. *Norw* —6H **17**
Gaynor Clo. *Wym* —2B **38**
Gayton Wlk. *Norw* —1E **17**
Gentlemans Wlk. *Norw*
  (in two parts) —4C **26** (5B **5**)
Gentry Pl. *Norw* —1D **24**
Geoffrey Rd. *Norw* —6E **27**
George Borrow Rd. *Norw*
—4F **25**
George Carver Ct. *Norw* —5F **25**
George Clo. *Dray* —5C **8**
George Dance Pl. *Norw* —2D **24**
George Dri. *Dray* —6C **8**
George Fox Way. *Norw* —4D **24**
George Hill. *Norw* —3D **16**
George Pope Clo. *Norw* —5B **16**
George Pope Rd. *Norw* —5B **16**
George Winter Ct. *Norw* —5B **16**
Gerald Clo. *Norw* —1H **27**

Gerard Hudson Gdns. *Norw*
—6G **35**
Gertrude Rd. *Norw* —6E **17**
Gibbs Clo. *Lit M* —1E **33**
Gilbard Rd. *Norw* —2D **24**
Gilbert Clo. *Alp* —5H **41**
Gilbert Way. *Norw* —3E **35**
Gilchrist Clo. *Norw* —3C **36**
Gildencroft. *Norw*
—2C **26** (1B **4**)
Giles Rd. *Spix* —3G **11**
Gilling's Yd. *Norw* —1C **4**
Gilman Rd. *Norw* —6E **17**
Gipsy Clo. *Norw* —3E **25**
Gipsy La. *Norw* —4E **25**
Girlings La. *Norw* —4B **28**
Girton Rd. *Norw* —5A **26**
Glade, The. *Cos* —3A **14**
Gladstone St. *Norw* —3A **26**
Glebe Clo. *Dray* —4A **8**
Glebe Rd. *Norw* —5H **25**
Glenalmond. *Norw* —1H **35**
Glenburn Av. *Norw* —3F **17**
Glenburn Ct. *Norw* —3F **17**
Glenda Clo. *Norw* —6D **14**
Glenda Ct. *Norw* —5D **14**
Glenda Cres. *Norw* —5D **14**
Glenda Rd. *Norw* —6D **14**
Glendenning Rd. *Norw* —4G **27**
Glengarry Clo. *Hether* —4C **32**
Glenmore Gdns. *Norw* —5A **16**
Glenn Rd. *Por* —6C **40**
Globe La. *Blo* —1G **31**
Globe Pl. *Norw* —4B **26**
Gloucester St. *Norw* —5A **26**
Godfrey Rd. *Spix* —2G **11**
Godric Pl. *Norw* —3G **25**
Golden Ball St. *Norw*
—4D **26** (6C **5**)
Golden Dog La. *Norw*
—2D **26** (2C **4**)
Golding Pl. *Norw* —3B **26**
Goldsmith St. *Norw* —2B **26**
Goldsworths Bldgs. *Norw*
—2E **27** (2F **4**)
Goldwell Rd. *Norw*
—5D **26** (8C **5**)
Goodhale Rd. *Norw* —2C **24**
Goodman Sq. *Norw* —2A **26**
Goodwood Clo. *Norw* —6B **18**
Gordon Av. *Norw* —2H **27**
Gordon Godfrey Way. *Hors*
—2F **9**
Gordon Rd. *Norw*
—5D **26** (8D **5**)
Gordon Sq. *Norw*
—5D **26** (8D **5**)
Gorse Av. *Norw* —2H **15**
Gorse Rd. *Norw* —1A **28**
Goulburn Rd. *Norw* —6A **18**
Gould Rd. *Norw* —5G **25**
Governers Ct. *Norw* —5E **27**
Governors Ct. *Norw* —8F **5**
Gowing Clo. *Norw* —6G **9**
Gowing Rd. *Norw* —4A **16**
Gowing Rd. *Norw* —6G **9**
Grace Edwards Clo. *Dray* —3A **8**
Grace Jarrold Ct. *Norw* —2C **4**
Graham Sq. *Norw* —6A **18**
Grange Clo. *Hov* —1D **42**
Grange Clo. *Norw* —3D **16**
Granger M. *Norw*
—3C **26** (4B **4**)
Grange Rd. *Norw* —5H **25**
Grange Wlk. *Wrox* —3B **42**
Grant Clo. *Spix* —2G **11**
Grant St. *Norw* —2H **25**

Grapes Hill. *Norw*
—3B **26** (4A **4**)
Grasmere. *Hether* —4E **33**
Grasmere Clo. *Norw* —3D **24**
Gravelfield Clo. *Norw* —1G **27**
Grays Fair. *New C* —6A **14**
Gt. Melton Rd. *Hether* —4C **32**
Gt. Melton Rd. *Lit M* —1D **32**
Greenacre Clo. *Brun* —3E **31**
Greenacres. *Lit M* —1F **33**
Greenacres Dri. *Por* —3B **40**
Greenborough Clo. *Norw*
—5B **18**
Greenborough Rd. *Norw*
—5B **18**
Green Clo. *Norw* —6H **13**
Green Ct. *Norw* —2A **28**
Green Fall. *Por* —5D **40**
Greenfields. *Norw* —6G **13**
Grn. Hills Clo. *Cos* —4A **14**
Green Hills Rd. *Norw* —1C **26**
Greenland Av. *Wym* —2F **39**
Green La. *Lit M* —5F **23**
Green La. E. *Rack* —2F **19**
Green La. N. *Thor E* —5E **19**
Green La. S. *Norw* —6F **19**
Green La. W. *Rack* —1F **19**
Green Pk. Rd. *Hors* —2G **9**
Green, The. *Dray* —5B **8**
Greenways. *Norw* —2G **35**
Greenwood Rd. *Norw* —2C **36**
Greenwood Way. *Norw* —5C **18**
Grenville Clo. *Hether* —4F **33**
Gresham Rd. *Norw* —5H **15**
Greyfriars Clo. *Norw* —2D **16**
Greyfriars Rd. *Norw*
—3D **26** (4D **4**)
Greyhound Opening. *Norw*
—2B **26**
Griffin La. *Norw* —3E **29**
Gristock Pl. *Norw* —1D **24**
Grosvenor Rd. *Norw* —4B **26**
Grouts Thoroughfare. *Norw*
—5C **5**
Grove Av. *New C* —6A **14**
Grove Av. *Norw* —5C **26** (8A **5**)
Grovebury Clo. *Brun* —3E **31**
Grovedale Clo. *Norw* —6B **14**
Grove Rd. *Hether* —4D **32**
Grove Rd. *Norw* —5C **26** (8A **5**)
Grove, The. *Norw* —4C **16**
Grove Wlk. *Norw* —6C **26** (8B **5**)
Guardian Rd. *Norw* —2G **25**
Guardian Rd. Ind. Est. *Norw*
—3F **25**
Guelph Rd. *Norw* —3F **27**
Guernsey Rd. *Norw* —1D **26**
Guildhall Hill. *Norw*
—3C **26** (4B **4**)
Gull La. *Fram E* —3E **41**
Gunner Clo. *Norw* —6D **18**
Gunn Rd. *Norw* —6A **18**
Gunns Ct. *Norw* —3B **26** (4A **4**)
Gunton La. *Norw* —5C **14**
Gunton Rd. *Norw* —4G **25**
Gunton Rd. *Wym* —4E **39**
Gurney Clo. *Norw* —1C **24**
Gurney Ct. *New C* —1B **24**
Gurney Ct. *Norw* —2C **4**
Gurney Dri. *Spro* —3A **18**
Gurney La. *Norw* —1D **34**
Gurney Rd. *New C* —6B **14**
Gurney Rd. *Norw* —2F **27** (1F **4**)
Gwendoline Ct. *Norw* —3F **27**
  (off Florence Rd.)
Gwendoline Ct. *Norw* —3F **27**
  (off Florence Rd.)

Haconsfield. *Hether* —5E **33**
Hadden Clo. *Por* —4D **40**
Hadley Dri. *Norw* —3G **25**
Haig Clo. *Norw* —3E **25**
Halcombe Ct. *Norw* —6D **16**
Halden Av. *Norw* —1G **15**
Hale Ct. *Gt Plum* —1A **30**
Hales Ct. *Norw* —4C **26** (5A **5**)
Half Mile Clo. *Norw* —5A **16**
Half Mile Rd. *Norw* —5A **16**
Half Moon Way. *Norw* —1A **26**
Hallback La. *Arm* —6G **37**
Hall Clo. *Hether* —5E **33**
Hall Dri. *New C* —4G **13**
Hall Farm Pl. *Baw* —3E **23**
Hallgate. *Thor E* —4E **19**
Hall La. *Dray* —5B **8**
Hall La. *Post* —6H **29**
Hall Rd. *Eas* —6A **12**
Hall Rd. *Hether* —2A **32**
Hall Rd. *Lit P* —5D **20**
Hall Rd. *New C* —5B **14**
Hall Rd. *Norw* —4B **36** (8D **5**)
Hall Rd. *Por & Fram E* —4E **41**
Hall Rd. *Wit* —1C **30**
Hamlin Ct. *Norw* —5B **16**
Hammond Clo. *Norw* —4B **18**
Hammond Way. *Norw* —4B **18**
Hamond Rd. *Norw* —2E **15**
Hampden Dri. *Norw* —1D **28**
Hanbury Clo. *Norw* —4E **25**
Hancock Ct. *Norw* —2H **23**
Hankin Ct. *Norw* —4D **24**
Hanly Clo. *Norw* —5H **17**
Hanover Ct. *Norw* —8A **5**
Hanover Rd. *Norw*
—5B **26** (8A **5**)
Hansard Clo. *Norw* —6A **16**
Hansard La. *Norw*
—2D **26** (2D **4**)
Hansard Rd. *Norw* —6A **16**
Hansell Rd. *Norw* —1C **28**
Harbord Rd. *Norw* —4G **25**
Harbour Rd. *Norw* —4F **27**
Harcourt Clo. *Norw*
—1E **27** (1E **4**)
Hardesty Clo. *Por* —4C **40**
Hardwick Clo. *Norw* —3H **35**
Hardy Rd. *Norw* —5F **27**
Hare Rd. *Gt Plum* —4H **19**
Harewood Dri. *Tav* —2H **7**
Harford Hill. *Norw* —4B **36**
Harford Mnr. Clo. *Norw*
—1B **36**
Harford St. *Norw* —6D **26**
Harker Way. *Blo* —3G **21**
Harlington Av. *Norw* —3H **15**
Harman Clo. *Hether* —4E **33**
Harmer Clo. *Norw* —2E **35**
Harmer Cres. *Norw* —2D **34**
Harmer La. *Norw* —2D **34**
Harmer Rd. *Norw* —4B **16**
Harpsfield. *Norw* —1H **23**
Harrier Clo. *Hether* —4E **33**
Harrier Way. *Norw* —6C **10**
Harris M. *Norw* —2B **24**
Harrison Dri. *Norw* —2B **24**
Harrisons Dri. *Norw* —4B **18**
Harrold Clo. *Tav* —3H **7**
Harry Barber Clo. *Norw* —1B **24**
Harry Perry Clo. *Norw* —1B **36**
Harsnett Clo. *Norw* —1A **24**
Harts La. *Baw* —2D **22**
Harts La. *Norw* —3D **34**
Hartwell Rd. *Wrox* —3B **42**
Harvey Clo. *Hether* —5C **32**
Harvey Clo. *Norw* —2H **27**

48 A-Z Norwich

Harvey La.—Kinghorn Rd.

Harvey La. *Norw* —3H **27**
Harwood Rd. *Norw* —2D **36**
Haslips Clo. *Norw* —2B **26**
Hassett Clo. *Norw*
　　　　　—1E **27** (1F **4**)
Hastings Av. *Norw* —3H **15**
Hatton Rd. *Norw* —6D **26**
Hauteyn Ct. *Norw* —5B **16**
Havant Clo. *Norw* —2F **35**
Havelock Rd. *Norw* —3A **26**
Haverscroft Clo. *Tav* —3G **7**
Havers Rd. *Norw* —6A **16**
Hawthorn Clo. *Spix* —3F **11**
Hawthorne Av. *Norw* —2H **15**
Hawthorne Clo. *Wym* —2E **39**
Hawthorne Row. *Norw* —2A **26**
Hawthorn La. *Norw* —6A **26**
Hawthorn Rd. *Norw* —5B **14**
Hayden Ct. *Norw*
　　　　　—6D **26** (8C **5**)
Hay Hill. *Norw* —5B **5**
Haymarket. *Norw*
　　　　　—4C **26** (5B **5**)
Hazel Clo. *Tav* —4H **7**
Hazel Clo. *Wym* —4E **39**
Hazel Rd. *Norw* —5A **14**
Hearne Ct. *Norw* —1H **23**
Heartsease La. *Norw* —6H **17**
Heath Clo. *Hors* —2F **9**
Heath Clo. *Norw* —1A **16**
Heath Cres. *Norw* —2H **15**
Heather Av. *Norw* —3H **15**
Heatherwood Clo. *Thor*
　　　　　—4E **19**
Heathgate. *Norw* —2F **27** (1F **4**)
Heath Loke. *Por* —4B **40**
Heath Rd. *Norw* —1C **26**
　(in two parts)
Heath Rd. *Thor E* —5E **19**
Heathside Rd. *Norw* —4G **27**
Heath, The. *Blo* —2E **21**
Heath Way. *Blo* —4E **21**
　(in two parts)
Hedgemere. *Tav* —3F **7**
Hedgerows, The. *Norw* —2B **24**
Heigham Gro. *Norw* —3B **26**
Heigham Rd. *Norw* —3A **26**
Heigham St. *Norw*
　(in two parts) —1A **26** (2A **4**)
Heigham Watering. *Norw*
　　　　　—1A **26**
Heights, The. *Norw* —4G **27**
Helena Rd. *Norw* —3A **26**
Helford St. *Norw* —1A **26**
Helgate Ct. *Norw* —3A **4**
Hellesdon Clo. *Norw* —1E **25**
Hellesdon Hall Rd. *Norw*
　(in two parts) —6F **15**
Hellesdon M. *Norw* —5E **15**
Hellesdon Mill La. *Norw* —6E **15**
Hellesdon Pk. Ind. Est. *Norw*
　　　　　—4F **15**
Hellesdon Pk. Rd. *Norw* —4F **15**
Hellesdon Rd. *Norw* —1E **25**
Hemblington Hall Rd. *Hemb*
　　　　　—3H **21**
Hemlin Clo. *Norw* —3D **24**
Hemmings Rd. *Norw* —2A **24**
Hempsted M. *Norw* —2H **23**
Henby Way. *Norw* —2A **28**
Henderson Rd. *Norw* —4G **25**
Hendon Clo. *Norw* —6C **14**
Henley Rd. *Norw* —5H **25**
Henstead Rd. *Hether* —4D **32**
Herbert Nursey Clo. *Dray* —6D **8**
Herb Robert Glade. *Wym*
　　　　　—4F **39**

Hercules Clo. *Norw* —3G **15**
Hercules Rd. *Norw* —3G **15**
Herrick Rd. *Tav* —5G **7**
Hethersett Ho. *Hether* —4D **32**
Hethersett La. *Col* —2H **33**
Hethersett Rd. *Gt Mel* —3A **32**
Hewett Yd. *Norw* —1C **36**
Hewitts La. *Wym* —3D **38**
Higham Clo. *Norw* —4F **17**
Highfield. *Lit P* —3C **20**
Highfield Clo. *Brun* —4F **31**
Highfield Clo. *Norw* —3D **28**
Highfield Rd. *Dray* —4A **8**
Highfields. *Norw* —6G **13**
High Grn. *Gt Mel* —4A **32**
High Grn. *Norw* —4G **27**
Highgrove Ct. *Por* —2B **40**
High Ho. Av. *Wym* —3E **39**
High Ho. Clo. *Wym* —3E **39**
High Ho. La. *Blo* —4G **21**
Highland. *Por* —1A **40**
Highland Av. *Norw* —5H **25**
Highland Clo. *Norw* —5H **25**
Highland Rd. *Tav* —4G **7**
Highlands. *Cos* —3A **14**
Highlow Rd. *Norw* —6B **14**
Highview Clo. *Blo* —1G **31**
Hilary Av. *Norw* —1G **27**
Hill Crest. *Norw* —5B **14**
Hill Crest Rd. *Norw* —2A **28**
Hill Farm Clo. *Crin* —3E **35**
Hill Ho. Rd. *Norw* —4F **27**
Hillmead. *Norw* —4C **16**
Hill Rd. *Norw* —5B **14**
Hillside. *Por* —3B **40**
Hillside Av. *Norw* —3C **28**
Hillside Clo. *Norw* —3C **28**
Hillside Rd. *Norw* —3C **28**
Hill St. *Norw* —5B **26**
Hill, The. *Hor F* —3A **10**
Hill Top Dri. *Cos* —4A **14**
Hillvue Clo. *Norw* —5B **14**
Hilly Plantation. *Norw* —2B **28**
Hinks Clo. *Tav* —2F **7**
Hinshalwood Way. *Cos* —3H **13**
Hobart Clo. *Wym* —2E **39**
Hobart La. *Norw* —6D **26** (8D **5**)
Hobart Sq. *Norw* —5D **26** (8D **5**)
Hobrough La. *Norw*
　　　　　—4E **27** (6E **5**)
Hockering La. *Baw* —3E **23**
Hodgson Rd. *Norw* —4G **25**
Hog Bog La. *Spix* —1E **11**
Holland Ct. *Norw* —3E **27** (4E **4**)
Holls La. *Norw* —5D **26** (8D **5**)
Holly Bank. *Norw* —5F **17**
Holly Blue Rd. *Wym* —3E **39**
Holly Ct. *Wym* —2F **39**
Holly Dri. *Norw* —2H **25**
Holly La. *Blo* —5F **21**
Holly La. *Hors* —5D **8**
Holmes Clo. *Norw* —1A **28**
Holmesdale Rd. *Brun* —3D **30**
Holmwood Ri. *Norw* —3H **27**
Holt Rd. *Hors & Norw* —1F **9**
Holworthy Rd. *Norw* —1C **24**
Honey Clo. *Norw* —2G **27**
Honeycombe La. *Lit P* —1C **20**
Honingham La. *Ring* —5A **6**
Hooker Rd. *Norw* —6A **18**
Hooks Wlk. *Norw*
　　　　　—3E **27** (3E **4**)
Hooper La. *Norw* —5E **17**
Hopton Clo. *Norw* —1E **29**
Hornbeam Clo. *Norw* —3A **18**
Horning Clo. *Norw* —2E **25**
Horning Rd. *Hov* —2C **42**

Horning Rd. W. *Hov* —2B **42**
Hornor Clo. *Norw* —6B **26**
Horns La. *Norw* —5D **26** (7D **5**)
Horsbeck Way. *Hors* —2F **9**
Horsefair, The. *Norw* —4E **4**
Horseshoe Clo. *Norw* —6H **13**
Horsford St. *Norw* —1A **26**
Hospital La. *Helle* —4E **15**
Hospital La. *Norw* —6D **26**
Hospital Rd. *Lit P* —5B **20**
Hotblack Rd. *Norw* —2H **25**
Houghton Clo. *Norw* —1C **24**
Howard Clo. *Norw* —2A **28**
Howard M. *Norw* —6D **16**
Howard St. *Norw*
　　　　　—5C **26** (8B **5**)
Howard Ter. *Norw*
　　　　　—1C **26** (1B **4**)
Howe La. *Por* —5D **8**
Howell Rd. *Dray* —6D **8**
Howes Clo. *Hether* —5D **32**
Howlett Dri. *Norw* —1B **24**
Hubbard Clo. *Wym* —2B **38**
Hubbards Loke. *Hether* —5C **32**
Hudson Way. *Norw* —2H **23**
Hughenden Rd. *Norw* —6D **26**
Hughes Ct. *Hether* —4E **33**
Humbleyard. *Norw* —1B **24**
Hunt Clo. *Norw* —6D **10**
Hunter Rd. *Norw* —4B **16**
Hunters Clo. *Blo* —2H **31**
Hunting Field. *Norw* —6A **14**
Huntingfield Clo. *Norw* —6A **14**
Hurd Rd. *Norw* —6G **25**
Hurn Rd. *Dray* —1D **14**
Hurricane Way. *Norw* —1B **16**
Husenbeth Clo. *Cos* —3H **13**
Hutchinson Rd. *Norw* —3E **25**
Huxley Clo. *Norw* —1E **37**
Huxley Rd. *Norw* —1E **37**

Ice Ho. La. *Norw* —5E **27** (8F **5**)
　(in two parts)
Ilex Ct. *Norw* —3A **18**
Impala Rd. *Norw* —1F **17**
Independent Way. *Norw* —1E **29**
Ingram Ct. *Norw* —6D **26**
Inman Rd. *Norw* —3A **18**
Intwood Rd. *Norw* —4E **35**
Ipswich Gro. *Norw*
　　　　　—5C **26** (8A **5**)
Ipswich Rd. *Mark* —5A **36**
Ipswich Rd. *Norw*
　　　　　—4B **36** (8A **5**)
Ireton Clo. *Norw* —2E **29**
Irstead Rd. *Norw* —3F **25**
Irving Rd. *Norw* —2A **36**
Isbets Dale. *Tav* —3G **7**
Ives Rd. *Norw* —3B **16**
Ivory Clo. *Por* —4D **40**
Ivory Rd. *Norw* —5F **25**
Ivy Clo. *Por* —4D **40**
Ivy Rd. *Spix* —2F **11**

Jaguar Rd. *Hether* —4E **33**
James Alexander M. *Norw*
　　　　　—4E **25**
James Green Clo. *Spix* —2G **11**
Jamieson Pl. *Norw* —1D **24**
Jarrold Way. *Norw* —1A **24**
Jarrold Way Ind. Est. *Norw*
　　　　　—1A **24**
Jasmine Clo. *Norw* —4F **25**
Javelin Rd. *Norw* —6B **10**
Jay Gdns. *Norw* —1H **23**
Jenny Rd. *Spix* —2G **11**

Jerningham Rd. *Norw* —6B **14**
Jessica Ct. *Norw* —2B **26**
　(off Orchard St.)
Jessopp Clo. *Norw* —5G **25**
Jessopp Rd. *Norw* —5G **25**
Jewson Rd. *Norw* —5B **16**
Jex Av. *Norw* —1E **25**
Jex La. *Norw* —1E **25**
Jex Rd. *Norw* —1E **25**
Joe Ellis Ct. *Norw* —1C **24**
John Drewry Clo. *Fram E*
　　　　　—3D **40**
John Gale Ct. *Dray* —2H **7**
John Howes Clo. *Eas* —5A **12**
Johnson Pl. *Norw* —4B **26**
John Stephenson Ct. *Norw*
　(off Gertude Rd.) —6E **17**
Jolly Butchers Yd. *Norw* —7D **5**
Jolly Gardeners Ct. *Norw*
　(off Heath Rd.) —1C **26**
Jordan Clo. *Norw* —3C **24**
Jordan Clo. *Tav* —1H **7**
Josephine Clo. *Norw* —6C **26**
Jubilee Rd. *Norw* —3F **17**
Jubilee Ter. *Norw* —6D **26**
Jubilee Wlk. *Por* —6C **40**
Judges Dri. *Norw* —6G **25**
Judges Gdns. *Dray* —3H **7**
Judges Wlk. *Norw* —1G **35**
Julian Rd. *Spix* —2F **11**
Junction Rd. *Norw* —6B **16**
Juniper Way. *Tav* —3E **7**
Jupiter Rd. *Norw* —3B **16**

Kabin Rd. *Norw* —5C **14**
Karen Clo. *Hether* —6C **32**
Keable Clo. *Norw* —3D **24**
Keats Rd. *Tav* —5G **7**
Kedelston Dri. *Norw* —4D **34**
Keelan Clo. *Norw* —3A **16**
Kempe Clo. *Norw* —6H **17**
Kendal Clo. *Hether* —4E **33**
Kennedy Clo. *Eas* —5A **12**
Kennett Clo. *Norw* —5G **25**
Kensington Pl. *Norw*
　　　　　—5D **26** (8D **5**)
Kered Clo. *Norw* —1G **15**
Kered Rd. *Norw* —1G **15**
Kerridges, The. *Norw* —6A **14**
Kerrison Rd. *Norw* —5F **27**
Kerrison Rd. Ind. Est. *Norw*
　(off Kerrison Rd.) —5F **27**
Kerville St. *Norw* —2B **24**
Kestrel Rd. *Norw* —3H **17**
Keswick Clo. *Norw* —4E **35**
Keswick Hall. *Kes* —6G **35**
Keswick Hall Rd. *Kes* —6E **35**
　(in two parts)
Keswick Rd. *Crin* —3E **35**
Keswick Rd. *Spro* —3F **35**
Ketteringham La. *Hether*
　　　　　—6D **32**
Ketteringham Rd. *Wym* —5G **39**
Kett's Av. *Wym* —3D **38**
Kett's Clo. *Hether* —5D **32**
Kett's Clo. *Wym* —3D **38**
Kett's Hill. *Norw* —2F **27**
Kett's Oak. *Hether* —6C **32**
Keyes Clo. *Norw* —1D **36**
Keyes Rd. *Norw* —1D **36**
Keys Dri. *Wrox* —5A **42**
Kiln Clo. *Norw* —6D **10**
Kiln Rd. *Hors* —2F **9**
Kimberley St. *Norw* —4B **26**
Kimberley St. *Wym* —4D **38**
Kinghorn Rd. *Norw* —5G **25**

A-Z Norwich 49

Kingsgate Ct.—Market Av.

Kingsgate Ct. *Norw* —3C **26** (4A **4**)
Kings Head La. *Norw* —2B **4**
Kings La. *Norw* —5D **26** (8C **5**)
Kingsley Rd. *Norw* —5C **26** (7A **5**)
Kingston Sq. *Norw* —1H **35**
King St. *Norw* —3D **26** (4D **4**)
Kingsway. *Norw* —1B **26**
Kingsway Trad. Est. Norw (off Kingsway) —1B **26**
Kingswood Av. *Tav* —3E **7**
Kingswood Clo. *Norw* —3G **35**
Kingswood Ct. *Tav* —3G **7**
Kinsale Av. *Norw* —2F **15**
Kinver Clo. *Norw* —6A **26**
Kirby Rd. *Tro & Bix* —1H **37** (in two parts)
Kirklands. *Cos* —3H **13**
Kirklees. *Norw* —4B **36**
Kirkpatrick Rd. *Norw* —5A **16**
Knights Clo. *Norw* —5A **16**
Knowland Gro. *Norw* —1D **24**
Knowsley Rd. *Norw* —1D **26**
Knox Av. *Norw* —1G **27**
Knox Clo. *Norw* —1G **27**
Knox Rd. *Norw* —2G **27**
Koblenz Av. *Norw* —4E **27** (5F **5**)

Laburnum Av. *Tav* —4E **7**
Laburnum Clo. *Hors* —1F **9**
Laburnum Dri. *Blo* —1G **31**
Lacey Rd. *Tav* —4G **7**
Lackford Dri. *Brun* —3E **31**
Ladbroke Pl. *Norw* —2F **27**
Lady Betty Rd. *Norw* —6C **26**
Lady Mary Rd. *Norw* —6C **26**
Lady's La. *Wym* —5B **38**
Lady Smith Rd. *Norw* —6E **17**
Laithes, The. *Norw* —1B **4**
Lakeland Way. *Hether* —4F **33**
Lakenfields. *Norw* —1E **37**
Lakenham Rd. *Norw* —1B **36**
Lakenham Way. *Norw* —6D **26** (8C **5**)
Lake Vw. Dri. *Brun* —3D **30**
Lambert Ho. Norw —1B **24** (off Humble Yd.)
Lambert Rd. *Norw* —4F **17**
Lancaster Clo. *Norw* —1C **16**
Lanchester Ct. *Norw* —2A **26**
Landlow La. *Gt Mel* —6A **22**
Lanes Yd. *Norw* —5D **5**
Lane, The. *Norw* —5A **16**
Langham Grn. *Blo* —3G **31**
Langham Pl. *Norw* —5C **26** (8B **5**)
Langley Clo. *Norw* —4D **34**
Langley Wlk. *Norw* —2A **26**
Langton Clo. *Norw* —3C **24**
Lansdowne Rd. *Norw* —1A **16**
Larch Clo. *Lit M* —1F **33**
Larch Clo. *Norw* —3A **18**
Larkman La. *Norw* —2D **24**
Latimer Rd. *Norw* —1D **36**
Laud Clo. *Norw* —2E **29**
Launceston Ter. *Norw* —8A **5**
Laundry Clo. *Norw* —2B **28**
Laundry La. *Blo* —4D **20**
Laundry La. *Spro* —3A **18**
Laundry La. *Thor A* —2C **28**
Laurel Ct. *Norw* —6B **18**
Laurel Dri. *Brun* —4D **30**
Laurel Gro. *Brun* —4F **31**
Laurel Rd. *Norw* —6C **18**

Laurence Av. *Brun* —3E **31**
Lavender Clo. *Hors* —1F **9**
Lavengro Rd. *Norw* —1E **27**
Lawn Clo. *Hors* —2G **9**
Lawn Cres. *Thor E* —4F **19**
Lawson Rd. *Norw* —6D **16**
Layer Clo. *Norw* —2A **24**
Layson Dri. *Norw* —6D **16**
Layton Clo. *Dray* —6C **8**
Leach's Turn. *Surl* —6D **30**
Leafyoak La. *Por* —6C **40**
Leas Ct. *Norw* —1E **25**
Leeder Hill. *Post* —5H **29**
Leewood Cres. *Norw* —6D **14**
Lefroy Rd. *Norw* —4H **15**
Leicester St. *Norw* —5B **26**
Leng Cres. *Norw* —1F **35**
Lenthall Clo. *Norw* —1E **29**
Leonards St. *Norw* —1C **26** (1B **4**)
Leopard Ct. *Norw* —2D **26** (1D **4**)
Leopold Clo. *Norw* —6H **25**
Leopold Rd. *Norw* —6H **25**
Le Strange Clo. *Norw* —4G **25**
Letunder Clo. *Norw* —2B **28**
Leveson Rd. *Norw* —4G **17**
Levine Clo. *Brun* —3D **30**
Leyham Ct. *Norw* —1B **24**
Liberator Rd. *Norw* —1B **16**
Libra Ct. *Norw* —3H **17**
Lilac Clo. *Hors* —1F **9**
Lilburne Av. *Norw* —5C **16**
Lilian Clo. *Norw* —3A **16**
Lilian Rd. *Spix* —1F **11**
Lilly Ter. *Norw* —5D **26**
Lily Ter. *Norw* —7D **5**
Lime Tree Av. *Cos* —3A **14**
Lime Tree Av. *Norw* —2H **27**
Lime Tree Av. *Wym* —2D **38**
Limetree Clo. *Hors* —1D **8**
Lime Tree Clo. *Wym* —3E **39**
Limetree Ct. *Tav* —4E **7**
Lime Tree Rd. *Norw* —6A **26**
Linacre Av. *Norw* —4H **17**
Linacre Clo. *Norw* —4H **17**
Linalls Dri. *Cos* —3F **13**
Lincoln St. *Norw* —4A **26**
Linden Dri. *Hether* —5C **32**
Linden Rd. *Norw* —6D **14**
Lindford Dri. *Norw* —3G **35**
Lindley Clo. *Norw* —1D **16**
Lindley Rd. *Hether* —5C **32**
Lindley St. *Norw* —6D **26**
Lindsay Rd. *Norw* —3H **17**
Lings Clo. *Hors* —2G **9**
Lingwood Rd. *Blo* —1H **31**
Links Av. *Brun* —3E **31**
Links Av. *Norw* —2G **15**
Links Clo. *Norw* —2G **15**
Linnets, The. *New C* —6A **14**
Lintock Rd. *Norw* —4C **16**
Linton Clo. *Norw* —4G **17**
Linton Cres. *Norw* —3G **17**
Lion & Castle Yd. *Norw* —6C **5**
Lion Wood Rd. *Norw* —2G **27**
Lishman Rd. *Norw* —5B **18**
Lisle Rd. *Norw* —2A **24**
Lit. Armes St. *Norw* —1H **25**
Lit. Bethel St. *Norw* —4C **26** (5A **5**)
Lit. Bull Clo. *Norw* —2D **26** (1C **4**)
Lit. John Rd. *Norw* —2B **36**
Little La. *Hors* —2G **9**
Lit. London St. *Norw* —3D **26** (4C **4**)

Lit. Melton La. *Norw* —6G **23** (in two parts)
Lit. Melton Rd. *Hether* —3D **32**
Lit. Water La. *Norw* —3C **26** (3C **4**)
Littlewood La. *Hov* —1D **42**
Livingstone St. *Norw* —2H **25**
Lizard, The. *Wym* —5E **39**
Lloyd Rd. *Norw* —2G **27**
Lloyd Rd. *Tav* —4E **7**
Loaning, The. *Norw* —6E **27**
Lobster La. *Norw* —3C **26** (4B **4**)
Locksley Rd. *Norw* —3B **36**
Loddon Rd. *Fram P* —1F **41**
Loddon Rd. *Tro & Bix* —1G **37** (in three parts)
Lodge Breck. *Dray* —6B **8**
Lodge La. *Norw* —6D **10**
Lodge Pl. *Norw* —3B **28**
Lodore Av. *Norw* —1H **15**
Loke, The. *Blo* —1H **31**
Loke, The. *Crin* —3F **35**
Loke, The. *Norw* —2F **25** (nr. Dereham Rd.)
Loke, The. *Norw* —4H **13** (nr. Longwater La.)
Lollards Rd. *Norw* —3E **27** (3F **4**)
London Rd. *Wym* —6B **38**
London St. *Norw* —3D **26** (4C **4**)
Lone Barn Rd. *Norw* —4G **17**
Longbow Clo. *Norw* —2B **36**
Long Dale. *Dray* —3A **8**
Longdell Hills. *Norw* —5H **13**
Longe Rd. *Norw* —1E **17**
Longfields Rd. *Norw* —6D **18**
Long John Hill. *Norw* —1D **36**
Longland Clo. *Norw* —1D **16**
Longlands Dri. *Wym* —2B **38**
Long La. *Baw* —2E **23**
Long La. *Norw* —3B **4**
Long La. *Stoke X* —4A **40**
Long La. *Stru* —5H **31**
Longmead. *Norw* —1D **36**
Longmeadow. *Brun* —4D **30**
Long Reach. *Brun* —3E **31**
Long Rd. *Fram E* —3C **40**
Long Row. *Norw* —6C **16**
Long's Cres. *Rack* —1E **19**
Longview. *Hether* —3D **32**
Longwater La. *Cos & Norw* —4G **13**
Lonsdale Rd. *Rack* —2G **19**
Lorraine Gdns. *Norw* —4D **16**
Losinga Cres. *Norw* —4A **16**
Lothian St. *Norw* —2B **26**
Louis Clo. *Norw* —1C **16**
Lound Rd. *Norw* —4G **25**
Lovelace Rd. *Norw* —5F **25**
Lovett Clo. *Norw* —1E **17**
Lwr. Clarence Rd. *Norw* —4E **27** (5F **5**)
Lower Clo. *Norw* —3E **27** (3E **4**)
Lwr. Globe La. *Blo* —6G **21**
Lwr. Goat La. *Norw* —4B **4**
Loweswater Gdns. Norw —3E **25** (off Douglas Haig Rd.)
Lowes Yd. *Norw* —2C **4**
Low Rd. *Dray & Helle* —6B **8**
Low Rd. *Gt Plum* —6F **19**
Low Rd. *Kes* —5F **35**
Low Rd. *Norw* —6H **31**
Lowry Cole Rd. *Norw* —2E **17**
Lowther Rd. *Norw* —2A **36**
Lox Wood. *Norw* —1F **15**

Loyalty Ct. *Norw* —6B **5**
Lubbock Clo. *Norw* —4G **25**
Lucas Ct. *Norw* —6D **18**
Lucerne Clo. *Norw* —3E **17**
Luke Clo. *Norw* —6A **14**
Lusher Ri. *Norw* —1E **25**
Lusher's Loke. *Norw* —3E **17**
Lushington Clo. *Norw* —1C **24**
Lyhart Rd. *Norw* —2A **36**
Lynch Grn. *Hether* —4C **32**
Lyngate Clo. *Hether* —5B **32**
Lytton Rd. *Tav* —5G **7**

Mack's La. *Tav* —6G **7**
Madells Ct. *Norw* —3C **4**
Maden Clo. *Wym* —3C **38**
Magdalen Clo. *Norw* —1D **26** (1C **4**)
Magdalen Rd. *Norw* —1D **26**
Magdalen St. *Norw* —1D **26**
Magnay Rd. *Dray* —6D **8**
Magnolia Clo. *Hors* —1F **9**
Magpie Rd. *Norw* —1C **26** (1B **4**)
Maida Va. *Norw* —4A **26**
Maidens Clo. *Norw* —1F **29**
Maid Marian Rd. *Norw* —2B **36**
Maidstone Rd. *Norw* —4D **4**
Malbrook Rd. *Norw* —3C **24**
Mallard Clo. *Brun* —5G **31**
Mallory Rd. *Norw* —1C **16**
Mallow Way. *Wym* —4E **39**
Maltby St. *Norw* —6E **17**
Malten Clo. *Por* —5D **40**
Malthouse La. *Norw* —6B **5**
Malthouse Rd. *Hether* —4C **32**
Malthouse Ct. Norw —4C **26** (6B **5**)
Malvern Rd. *Norw* —3F **27**
Malzy Ct. *Norw* —1B **4**
Manby Rd. *Norw* —6H **17**
Manchester Pl. *Norw* —4B **26**
Mancroft Wlk. *Norw* —2B **26**
Mandela Clo. *Norw* —2C **26** (2A **4**)
Manor Chase. *Tav* —5H **7**
Manor Clo. *Hor F* —1A **10**
Mnr. Farm Clo. *Dray* —5B **8**
Manor Ridge. *Blo* —1H **31**
Manor Rd. *Hors & Hor F* —1A **10**
Mansel Dri. *Norw* —4D **16**
Mansfield La. *Norw* —1D **36**
Manthorpe Rd. *Norw* —2D **36**
Mantle Clo. *Norw* —3A **18**
Maple Clo. *Wym* —2E **39**
Maple Dri. *Norw* —2G **25**
Maple Dri. *Tav* —3E **7**
Margaret Clo. *Norw* —2E **15**
Margaret Cres. *Norw* —2C **28**
Margaret Paston Av. *Norw* —5H **17**
Margaret Reeve Clo. *Wym* —3E **39**
Margaret Rd. *Norw* —5C **14**
Margetson Av. *Norw* —2H **27**
Marigold Clo. *Hors* —2F **9**
Mariners La. *Norw* —5D **26** (7D **5**)
Marion Clo. *Wym* —3D **38**
Marion Rd. *Norw* —3F **27**
Marion Roberts Ct. *Hether* —5C **32**
Marionville Rd. *Norw* —4D **16**
Marjorie Hinde Ct. *Norw* —5A **5**
Market Av. *Norw* —4D **26** (4D **4**)

50 A-Z Norwich

Marketfield La.—Oakcroft Dri.

Marketfield La. *Hor F* —1C **10**
Market La. *Gt Mel* —2A **32**
Market Pl. *Wym* —5D **38**
Market St. *Wym* —4C **38**
Markham Tower. *Norw* —5H **15**
Mark Lemmon Clo. *Norw*
—4F **35**
Markshall Farm Rd. *Mark*
(in two parts) —6B **36**
Markshall La. *Mark* —6D **36**
Marland Rd. *Tav* —3G **7**
Marlborough Ct. *Norw* —4F **27**
(NR1)
Marlborough Ct. *Norw* —3G **17**
(NR7)
Marlborough Ho. *Norw* —8A **5**
Marlborough Rd. *Norw* —1D **26**
Marlingford Rd. *Baw* —2D **22**
Marlingford Rd. *Eas* —6A **12**
Marlingford Way. *Eas* —5A **12**
Marlow Ct. *Norw* —4D **16**
Marl Pit La. *Norw* —1D **24**
Marriott Chase. *Tav* —4H **7**
Marriott Clo. *Norw* —2B **26**
Marriott's Way. *Cos* —1B **14**
Marriott's Way. *Tav* —1G **7**
Marryat Rd. *Norw* —6H **15**
Marshall Clo. *Norw* —1C **24**
Marshall Clo. *Spix* —2G **11**
Marshall Rd. *Norw* —4A **16**
Marsh Rd. *Hov* —2C **42**
Marston La. *Norw* —3G **35**
Marston Moor. *Norw* —1E **29**
Martin Clo. *Norw* —3G **17**
Martineau La. *Norw* —2E **37**
(in two parts)
Marwood Clo. *Wym* —5C **38**
Mary Chapman Clo. *Norw*
—2E **29**
Mary Chapman Ct. *Norw* —3B **4**
Mary Chapman Ho. *Norw*
—1H **25**
Mary Conner Ho. *Norw* —5G **25**
(off Elizabeth Fry Rd.)
Mason Rd. *Norw* —4B **16**
Massingham Rd. *Norw* —6D **16**
Matlock Rd. *Norw* —4G **27**
Maud St. *Norw* —3A **26**
May Clo. *Wym* —3C **38**
Mayes Clo. *Norw* —1C **24**
Mayfield Av. *Norw* —3A **16**
Mdw. Brook Clo. *Norw* —6D **26**
Mdw. Brown Way. *Wym* —4F **39**
Meadow Clo. *Hether* —5C **32**
Meadow Clo. *New C* —5B **14**
Meadow Clo. *Norw* —2H **15**
Meadow Clo. *Tro* —1G **37**
Meadow Dri. *Hov* —3C **42**
Mdw. Farm Dri. *Norw* —5D **34**
Mdw. Farm La. *Hor F* —1B **10**
Meadow Gdns. *Norw* —3E **17**
Meadow La. *Norw* —3C **28**
Meadow Ri. Av. *Norw* —5H **25**
Meadow Ri. Clo. *Norw* —5H **25**
Meadow Ri. Rd. *Norw* —5H **25**
Meadow Rd. *Norw* —5B **14**
Meadowsweet. *Hors* —2F **9**
Meadow Va. *Norw* —4B **14**
Meadow Vw. *Brun* —3F **31**
Meadow Way. *Hors* —2F **9**
Meadow Way. *Norw* —2G **15**
Meadow Way. *Por* —5C **40**
Meadway. *Norw* —4D **34**
Medeswell Clo. *Brun* —2E **31**
Melbourne Cotts. *Norw* —5B **26**
(off Union St.)
Melrose Rd. *Norw* —6H **25**

Melton Clo. *Wym* —2C **38**
Melton Ct. *Hether* —4C **32**
Melton Dri. *Tav* —4H **7**
Melton Ga. *Wym* —3C **38**
Melton Rd. *Norw* —3C **38**
Memorial Way. *Norw* —2F **29**
Mendham Clo. *Norw* —1D **36**
Merchants Ct. *Norw*
—3D **26** (3C **4**)
Merchant Way. *Norw* —3H **15**
Meredith Rd. *Norw* —1F **15**
Merlin Av. *Norw* —3H **17**
Merlin Clo. *Hov* —2C **42**
Merlin M. *Norw* —3H **17**
Merrow Gdns. *Norw* —3G **35**
Merton Rd. *Norw* —2H **25**
Metcalf Clo. *Sweet B* —6G **15**
Meteor Clo. *Norw* —6C **10**
Mews Clo. *Blo* —1G **31**
Mews, The. *Norw* —5B **26**
Middle Rd. *Gt Plum* —6F **19**
Middleton Clo. *Norw* —4B **16**
Middleton Ct. *Wym* —4C **38**
Middleton Cres. *Norw* —5A **14**
Middleton's Ct. *Norw* —3F **15**
Middleton's La. *Norw* —3F **15**
Middleton St. *Wym* —4C **38**
Midland St. *Norw* —2B **26**
Midland Wlk. *Norw* —2B **26**
Mile Cross La. *Norw* —3A **16**
Mile Cross Rd. *Norw* —6A **16**
Mile End Clo. *Norw* —6H **25**
Mile End Rd. *Norw* —6H **25**
Milestone Clo. *Norw* —5A **14**
Milford Rd. *Norw* —4A **26**
Mill Clo. *Blo* —3G **21**
Mill Clo. *Hether* —5C **32**
Mill Clo. *Norw* —6D **26** (8C **5**)
Mill Clo. *Por* —3B **40**
Millcroft. *Norw* —6D **16**
Millcroft Clo. *New C* —6G **13**
Millennium Project. *Norw*
—4C **26**
Miller's Breck. *Tav* —4G **7**
Millers La. *Norw* —6C **16**
Millers Way. *Hors* —1G **9**
Millfield Clo. *Blo* —4G **21**
Mill Gdns. *Hors* —1G **9**
Mill Hill Rd. *Norw* —4A **26**
Mill La. *Fram P* —1G **41**
Mill La. *Hors* —1G **9**
Mill La. *Hor F* —1B **10**
Mill La. *Norw* —1D **26**
Mill La. *Wit* —3B **30**
Mill Rd. *Blo* —3F **21**
Mill Rd. *Hether* —5C **32**
Mill Rd. *Lit M* —1D **32**
Mill Rd. *Norw* —5H **35**
Mills Clo. *Tav* —4F **7**
Mill St. *Hor F* —2B **10**
Millway. *Wym* —2C **38**
Milton Clo. *Norw* —6D **26**
Milverton Rd. *Norw*
—6E **27** (8E **5**)
Minion Clo. *Norw* —1E **29**
Mitchell Ct. *Norw* —1A **24**
Mitre Ct. *Norw* —4H **15**
Mokyll Cft. *Tav* —3G **7**
Monastery, The. *Norw*
—3D **26** (3C **4**)
Mons Av. *Norw* —1F **27**
Montcalm Rd. *Norw* —3G **27**
Mont Cross. *Tav* —4G **7**
Montgomery Clo. *Norw* —2A **24**
Montrose Ct. *Norw* —1D **28**
Moore Av. *Norw* —3E **17**
Moorland Clo. *Norw* —5F **17**

Moors, The. *Dray* —3A **8**
Morello Clo. *Norw* —4F **25**
Morgan Way. *Norw* —1A **24**
Morley St. *Norw* —1E **27** (1E **4**)
Mornington Rd. *Norw* —5H **25**
Morris Clo. *Norw* —1B **24**
Morse Av. *Norw* —2H **27**
Morse Clo. *Brun* —4F **31**
Morse Rd. *Norw* —2H **27**
Mossfield Clo. *Norw* —1G **27**
Mottram Clo. *Norw* —3E **25**
Motum Rd. *Norw* —2D **24**
Mounteney Clo. *Norw* —3E **17**
Mountergate. *Norw*
—4E **27** (5E **5**)
Mountergate Rd. *Norw* —3D **26**
Mountfield Av. *Norw* —3G **15**
Mt. Pleasant. *Norw* —5A **26**
Mt. Surrey. *Wym* —2D **38**
Mousehold Av. *Norw* —1E **27**
Mousehold Ho. *Norw* —3G **27**
Mousehold La. *Norw* —4F **17**
Mousehold St. *Norw*
—1E **27** (1E **4**)
Mulberry Clo. *Norw* —3A **4**
Mulberry Ct. *Tav* —3E **7**
Munnings Rd. *Norw* —5A **18**
Muriel Kenny Ct. *Hether* —5C **32**
Muriel Rd. *Norw* —5H **25**
Murrayfield Rd. *Norw* —2A **16**
Music Ho. La. *Norw*
—4E **27** (6E **5**)
Musketeer Way. *Norw* —2E **29**
Musley Ct. *Norw* —6A **26**
Muspole St. *Norw*
—2C **26** (2B **4**)
Myrtle Av. *Cos* —4A **14**
Myrtle Rd. *Hether* —4C **32**

Naber Furlong. *Tav* —3G **7**
Napier Pl. *Norw* —2B **26**
Naseby Way. *Norw* —2E **29**
Nasmith Rd. *Norw* —1F **35**
Naylor Rd. *Sweet B* —6G **15**
Nelonde Dri. *Wym* —3D **38**
Nelson Clo. *Hether* —4E **33**
Nelson Ct. *Norw* —5E **25**
Nelson St. *Norw* —2A **26**
Netherwood Grn. *Norw* —1E **37**
Neville Clo. *Norw* —4E **17**
Neville Rd. *Norw* —4E **17**
Neville St. *Norw* —4B **26**
Newark Clo. *Norw* —2E **29**
Newatch La. *Fram P* —1F **41**
Newbegin Clo. *Norw* —2H **27**
Newbegin Rd. *Norw* —2G **27**
Newbury Way. *Norw* —1E **29**
Newcastle Clo. *Norw* —1E **29**
Newfound Dri. *Norw* —2D **34**
Newman Rd. *Rack* —1E **19**
Newmarket Rd. *Crin* —3C **34**
(in two parts)
Newmarket Rd. *Norw*
—6A **26** (8A **5**)
Newmarket St. *Norw* —5B **26**
New Mills Yd. *Norw*
—2C **26** (3A **4**)
New Rd. *Baw* —3E **23**
New Rd. *Hether* —5B **32**
Newton Clo. *Norw* —2A **36**
Newton Clo. *Tro* —1G **37**
Neylond Cres. *Norw* —1F **15**
Nicholas Clo. *Norw* —6D **16**
(off Magdalen Rd.)
Nightingale Clo. *Tav* —4E **7**
Nightingale Cotts. *Norw* —6E **27**

Nightingale Dri. *Tav* —4E **7**
Nightingale La. *Norw* —1D **26**
Nile St. *Norw* —2A **26**
Nimrod Clo. *Hether* —4D **32**
Ninhams Ct. *Norw* —5A **5**
Ninham St. *Norw* —6D **26**
Nobel Cres. *Wrox* —3A **42**
Noble Clo. *Norw* —6A **18**
Noot All. *Norw* —2C **24**
Norfolk Retail Pk. *Norw* —5D **12**
Norfolk Rd. *Norw* —6D **24**
Norfolk St. *Norw* —4B **26**
Norfolk Ter. *Norw* —6D **24**
Norgate Rd. *Norw* —6F **25**
Norgate Way. *Tav* —5H **7**
Normandie Tower. *Norw* —7E **5**
Norman Clo. *Norw* —1D **16**
Norman Rd. *Norw* —6D **16**
Normans Bldgs. *Norw*
—4D **26** (5D **5**)
Norris Ct. *Norw* —3C **4**
Northcote Rd. *Norw* —1D **26**
Northfield Clo. *Wym* —2C **38**
Northfield Gdns. *Wym* —3C **38**
Northfield La. *Wym* —2C **38**
Northfields. *Norw* —5F **25**
N. Gage Clo. *Norw* —3H **17**
Northgate. *Norw* —2G **15**
Northgate. *Thor E* —4E **19**
N. Park Av. *Norw* —6E **25**
N. Park Dri. *Norw* —5G **25**
Northside. *Norw* —3E **29**
North St. *Blo* —1G **31**
Northumberland St. *Norw*
—2A **26**
Northview Rd. *Norw* —6D **14**
N. Walsham Rd. *Cros* —5H **11**
N. Walsham Rd. *Norw & Bee*
—3E **17**
Norton Dri. *Norw* —2H **35**
Norvic Dri. *Norw* —2F **35**
Norwich Airport Ind. Est. *Norw*
—1A **16**
Norwich Bus. Pk. *Norw* —2C **36**
Norwich Comn. *Wym* —2H **39**
Norwich Research Pk. *Norw*
—5B **24**
Norwich Rd. *Hether* —6C **32**
Norwich Rd. *Hor F* —2A **10**
Norwich Rd. *Norw* —6H **35**
(NR4)
Norwich Rd. *Norw* —4C **14**
(NR5)
Norwich Rd. *Por* —1B **40**
Norwich Rd. *Rack* —1H **19**
Norwich Rd. *Thor E* —3G **19**
Norwich Rd. *Wrox* —6A **42**
Norwich Rd. *Wym* —4D **38**
Norwich Southern By-Pass.
Eas & Baw —4A **12**
Norwich Southern By-Pass.
Norw & Tro —6B **36**
Notridge Rd. *Norw* —2B **24**
Notykin St. *Norw* —1B **24**
Nurseries Av. *Brun* —3G **31**
Nursery Clo. *Norw* —2F **15**
Nursery Gdns. *Blo* —1H **31**
Nursery La. *Cos* —3A **14**
Nutfield Clo. *Norw* —2F **35**
Nutwood Clo. *Tav* —3G **7**

Oak Av. *Norw* —1C **28**
Oak Av. *Por* —4C **40**
Oak Clo. *Hether* —4D **32**
Oak Clo. *Norw* —5A **14**
Oakcroft Dri. *Fram E* —3B **40**

A-Z Norwich 51

Oakdale Rd.—Ranson Rd.

Oakdale Rd. *Brun* —4F **31**
Oakfields Clo. *Norw* —3F **35**
Oakfields Rd. *Norw* —3E **35**
Oak Gro. *Hors* —2G **9**
Oakhill. *Brun* —4F **31**
Oak Ho. *Norw* —1H **23**
Oaklands. *Fram E* —2B **40**
Oaklands. *Tav* —3E **7**
Oaklands Dri. *Norw* —2D **34**
Oak La. *Norw* —4C **16**
Oak Lodge. *Norw* —4H **27**
Oak's La. *Post* —4H **29**
Oak St. *Norw* —2C **26** (1A **4**)
Oaktree Dri. *Norw* —5G **17**
Oak Wood. *Blo* —2G **31**
Oakwood Dri. *Wym* —2F **39**
Oatfield Clo. *Hors* —2F **9**
Octagon Ct. *Norw*
—2D **26** (2C **4**)
Offley Ct. *Norw* —1B **24**
Ogden Clo. *Wym* —4D **38**
Old Bank of England Ct. *Norw*
—4D **4**
Old Barge Yd. *Norw*
—4E **27** (6E **5**)
Old Chapel Way. *Norw* —3F **29**
Old Farm La. *Norw* —6A **16**
Old Grove Ct. *Norw* —5C **16**
Old Hall Clo. *Tro* —1G **37**
Oldhall Rd. *Norw* —4B **36**
Old Lakenham Hall Dri. *Norw*
—2D **36**
Old Mill Rd. *Por* —3B **40**
Old Norwich Rd. *Hor F* —4A **10**
Old Palace Rd. *Norw* —1A **26**
Old Post Office Ct. *Norw* —4C **4**
Old Post Office Yd. *Norw*
—3D **26** (4C **4**)
Old Rectory Clo. *Norw* —3B **28**
Old School Ct. *Norw*
—5E **27** (8E **5**)
Old Stoke Rd. *Tro* —3E **37**
Old Warren. *Tav* —3F **7**
Old Watton Rd. *Col* —4B **24**
Olive Clo. *Norw* —6D **14**
Olive Cres. *Hors* —1F **9**
Olive Rd. *Norw* —5C **14**
One Point All. *Norw* —6B **5**
Onley St. *Norw* —5A **26**
Opie St. *Norw* —3D **26** (4C **4**)
Orchard Bank. *Dray* —5H **7**
Orchard Clo. *Blo* —4F **21**
Orchard Clo. *Norw* —1H **27**
Orchard Dri. *Helle* —4E **15**
Orchard Rd. *Spix* —1G **11**
Orchard St. *Norw* —3B **26**
Orchard Way. *Hether* —4D **32**
Orchard Way. *Wym* —4C **38**
Orford Hill. *Norw* —5C **5**
Orford Pl. *Norw* —5C **5**
Orford St. *Norw* —5C **5**
Orford Yd. *Norw*
—4D **26** (5C **5**)
Orwell Clo. *Norw* —5E **25**
Orwell Clo. *Wym* —3E **39**
Orwell Rd. *Norw* —6B **26**
Osbert Clo. *Norw* —3D **36**
Osborne Ct. *Norw* —6B **26**
Osborne Rd. *Norw* —1F **35**
Osprey Clo. *Hov* —1C **42**
Oulton Rd. *Norw* —2B **16**
Oval Av. *Norw* —6D **14**
Oval Rd. *Norw* —6D **14**
Overbury Rd. *Norw* —3H **15**
Overstone Ct. *Norw* —2E **17**
Oxford St. *Norw* —4B **26**
Oxnead Rd. *Norw* —5A **16**

Paddocks, The. *Norw* —1D **16**
Paddock St. *Norw* —1B **26**
Paddock, The. *Norw* —6E **11**
Paddock, The. *Tro* —2F **37**
Padgate. *Thor E* —4E **19**
Page Clo. *Por* —5C **40**
Page Rd. *Brun* —3E **31**
Page Rd. *Sweet B* —6G **15**
Pages Clo. *Wym* —5C **38**
Paine Rd. *Norw* —1A **28**
Palace St. *Norw* —3D **26** (3D **4**)
Palgrave Clo. *Tav* —4E **7**
Palm Clo. *Wym* —3C **38**
Palmer Clo. *Norw* —5B **16**
Palmer Rd. *Norw* —5B **16**
Palmer Rd. *Rack* —1G **19**
Palmers Yd. *Norw* —5C **5**
Paradise Pl. *Norw*
—4D **26** (6D **5**)
Paragon Pl. *Norw* —3B **26**
Parana Clo. *Norw* —2H **17**
Parana Ct. *Norw* —2H **17**
Parana Rd. *Norw* —2H **17**
Park Clo. *Hether* —5D **32**
Park Clo. *Norw* —2D **16**
Park Dri. *Hether* —5C **32**
Parker Clo. *Brun* —3D **30**
Parker Rd. *Norw* —4A **26**
Parkers Clo. *Eas* —5B **12**
Parkers Clo. *Norw* —2C **38**
Parkland Cres. *Norw* —4E **17**
Parkland Rd. *Norw* —4E **17**
Parklands. *Cos* —3G **13**
Park La. *Blo* —5D **20**
Park La. *Norw* —3A **26**
Park La. *Wym* —6D **38**
Park Rd. *Spix* —3F **11**
Park Rd. *Wrox* —4A **42**
Parkside Dri. *Norw* —2D **16**
Park Way. *Norw* —2F **15**
Parliament Ct. *Norw* —1E **29**
Parmentergate Ct. *Norw*
—4D **26** (5D **5**)
Parmenter Rd. *Norw* —6G **25**
Parrish Clo. *Wym* —3E **39**
Parr Rd. *Norw* —6H **15**
Parsonage Sq. *Norw* —4C **4**
Parsons Mead. *Norw* —2G **35**
Partridge Way. *Norw* —3C **16**
Paston Ct. *Norw* —5A **16**
Paston Way. *Norw* —5B **18**
Patricia Rd. *Norw* —6C **26**
Patteson Clo. *Norw* —4D **34**
Patteson Rd. *Norw* —1C **26**
Paxton Pl. *Norw* —5B **26**
Peachman Way. *Norw* —2F **29**
Peacock Chase. *Wym* —3F **39**
Peacock Pl. *Norw* —4C **16**
Peacock St. *Norw*
—2D **26** (1C **4**)
Peakwell Clo. *Tav* —3F **7**
Pearcefield . *Norw* —5D **16**
Peck Clo. *Norw* —1H **23**
Peckover Rd. *Norw* —1F **35**
Peddars Way. *Tav* —3G **7**
Pedham Rd. *Hemb* —3G **21**
Peel M. *Norw* —3A **4**
Pelham Rd. *Norw* —6C **16**
Pembrey Clo. *Norw* —4C **16**
Pembroke Rd. *Norw* —4A **26**
Pendlesham Ri. *Tav* —3H **7**
Penn Clo. *Tav* —5G **7**
Penn Gro. *Norw* —6B **16**
Penn Rd. *Tav* —5G **7**
Pennyroyal. *Norw* —2C **16**
Penryn Clo. *Norw* —4F **25**
Penshurst M. *Norw* —2G **35**

Percival Clo. *Norw* —5F **25**
Peregrine Clo. *Norw* —3H **17**
Peregrine M. *Norw* —3H **17**
Peregrine Rd. *Norw* —3H **17**
Perrings. *Wym* —2C **38**
Peterkin Rd. *Norw* —3B **36**
Peterson Rd. *Norw* —5H **15**
Peto Ct. *Norw* —2D **24**
Pettus Rd. *Norw* —6F **25**
Petty Spurge Sq. *Wym* —4F **39**
Peverell Rd. *Norw* —2B **24**
Phelps Rd. *Norw* —2C **28**
Philadelphia La. *Norw* —6C **16**
Philip Ford Way. *Wym* —6D **38**
Phipp Ct. *Wrox* —4B **42**
Pigg La. *Norw* —3D **26** (3D **4**)
Pigot La. *Fram E* —3C **40**
Pilling Pk. Rd. *Norw* —2G **27**
Pilling Rd. *Norw* —2A **28**
Pimpernel Rd. *Hors* —1D **8**
Pinder Clo. *Norw* —6H **15**
Pinder Rd. *Norw* —6H **15**
Pine Clo. *Norw* —6H **25**
Pine Ct. *Norw* —4A **18**
Pinelands Ind. Est. *Hors* —1F **9**
Pine Loke. *Stoke X* —3A **40**
Pine Rd. *Norw* —6B **18**
Pinetrees Bus. Pk. *Norw*
—5A **18**
Pinetrees Rd. *Norw* —4A **18**
Pinewood Clo. *Norw* —3G **15**
Pioneer Rd. *Norw* —1F **17**
Piper Rd. *Norw* —6B **18**
Pippin Grn. *Norw* —4F **25**
Pitchford Rd. *Norw* —3D **24**
Pitt St. *Norw* —2C **26** (1B **4**)
Plaford Rd. *Norw* —5F **17**
Plantation Dri. *Norw* —4A **18**
Plantation Rd. *Blo* —1G **31**
Plantation Rd. *Norw* —1F **15**
Plantation, The. *Norw* —5A **26**
Plantsman Clo. *Norw* —6A **26**
Plattens Ct. *Wrox* —4A **42**
Players Way. *Norw* —1D **16**
Pleasant Clo. *Norw* —2E **15**
Plumstead Rd. *Blo* —1G **21**
Plumstead Rd. *Norw* —1H **27**
Plumstead Rd. *Thor E* —5G **19**
Plumstead Rd. E. *Norw* —2G **27**
Pockthorpe Ga. *Norw*
—2E **27** (1F **4**)
Pointer Way. *Norw* —2G **25**
Pond Clo. *Hether* —5C **32**
Pond La. *Dray* —5A **8**
Pond Rd. *Hors* —2F **9**
Poplar Av. *Norw* —2F **35**
Poplar Clo. *Hors* —2F **9**
Poplar Rd. *Norw* —5H **13**
Pople St. *Norw* —4C **38**
Poppyfields. *Hors* —2F **9**
Poringland Rd. *Stoke X* —4A **40**
Porson Rd. *Norw* —6H **17**
Portersfield Rd. *Norw* —4A **26**
Porters Loke. *Norw* —4F **17**
Portland St. *Norw* —4A **26**
Portway Pl. *Norw* —2A **26**
Portway Sq. *Norw* —2B **26**
Post Mill Clo. *Norw* —4E **17**
Postmill Clo. *Wym* —4D **38**
Post Office Rd. *Lit P* —2C **20**
Postwick La. *Brun* —4C **30**
Pottergate. *Norw* —3C **26** (4A **4**)
Pound La. *Blo* —2H **31**
 (in two parts)
Pound La. *Norw* —6D **18**
Poynt Clo. *Wym* —3C **38**
Press La. *Norw* —6B **16**

Preston Av. *Wym* —6B **38**
Preston Clo. *Wrox* —5A **42**
Primrose Cres. *Norw* —3D **28**
Primrose Pl. *Norw* —5A **26**
Primrose Rd. *Norw* —3F **27**
Primrose Way. *Hors* —2F **9**
Primula Dri. *Norw* —4F **25**
Prince Andrew's Clo. *Norw*
—2A **16**
Prince Andrew's Rd. *Norw*
—2A **16**
Prince Edward Clo. *Norw*
—2C **28**
Prince of Wales Rd. *Norw*
—3D **26** (4D **4**)
Prince Rupert Way. *Norw*
—6E **19**
Princess Beatrice Clo. *Norw*
—5E **15**
Princes St. *Norw* —3D **26** (3C **4**)
Prior Rd. *Norw* —6D **18**
Priors Dri. *Norw* —1D **16**
Priorswood. *Tav* —2H **7**
Priory Clo. *Alp* —4H **41**
Priory Clo. *Hether* —6D **32**
Priory Rd. *Hether* —5D **32**
Priscilla Clo. *Norw* —3E **25**
Proctor Rd. *Norw* —1E **17**
Prospect Ter. *Norw* —4F **27**
 (off Carrow Rd.)
Providence Pl. *Norw* —3F **27**
Pudding La. *Norw* —5B **5**
Purland Rd. *Norw* —5A **18**
Purtingay Clo. *Norw* —2H **35**
Pyehurn La. *Hors* —2F **9**
Pyehurn M. *Tav* —2H **7**
Pye's Yd. *Norw* —2D **26** (2D **4**)
Pyrford Dri. *Norw* —2G **35**

Quaker La. *Spix* —4D **10**
Quakers La. *Norw* —1B **8**
Quay Side. *Norw* —3D **26** (3D **4**)
Quebec Clo. *Crin* —5D **34**
Quebec Rd. *Norw* —3F **27**
Queen Anne Yd. *Norw*
—2C **26** (2B **4**)
Queen Elizabeth Clo. *Norw*
—2E **4**
Queens Clo. *Norw* —6H **25**
Queen's Rd. *Hether* —4D **32**
Queen's Rd. *Norw*
—5C **26** (7B **5**)
Queen St. *Norw* —3D **26** (4D **4**)
Queen St. *Wym* —5D **38**
Queensway. *Wym* —3C **38**
Quinton Gurney Ho. *Norw*
—6G **35**

Racecourse Rd. *Norw* —6B **18**
Rachel Clo. *Norw* —4D **24**
Rackham Rd. *Norw* —5C **16**
Rackheath La. *Cros* —2H **11**
Radcliffe Rd. *Dray* —3H **7**
Raglan St. *Norw* —3B **26**
Railway Cotts. *Old L* —5F **27**
Rainsborough Ri. *Norw* —6E **19**
Raleigh Ct. *Norw* —5D **5**
Ramblers, The. *Por* —1A **40**
Rampant Horse St. *Norw*
—4C **26** (5B **5**)
Ramsey Clo. *Norw* —6F **25**
Randle Grn. *Norw* —1D **24**
Randolf Rd. *Norw* —1D **36**
Rangoon Clo. *Norw* —2H **17**
Ranson Rd. *Norw* —4G **27**

52 A-Z Norwich

Ranworth Rd.—St Paul's Clo.

Ranworth Rd. *Hemb* —4H **21**
Ranworth Rd. *Norw* —2E **25**
Rattle Row. *Wym* —4C **38**
Raven Yd. *Norw* —5D **5**
Rawley Rd. *Norw* —1B **24**
Raymond Clo. *Norw* —6F **9**
Raymond Rd. *Norw* —1G **15**
Raynham St. *Norw* —1B **26**
Rayns Clo. *Norw* —2E **17**
Recorder Clo. *Norw*
    —3E **27** (4E **4**)
Recreation Ground Rd. *Norw*
    —3F **17**
Recreation Rd. *Hether* —5C **32**
Recreation Rd. *Norw* —4H **25**
Rectory Ct. *Norw* —5C **16**
Rectory La. *Lit M* —1D **32**
Rectory La. *Por* —5D **40**
Red Admiral Clo. *Wym* —3F **39**
Red Bri. La. *Norw* —5D **14**
Redcliffe Way. *Brun* —3D **30**
Red Cottage Clo. *Norw* —5H **15**
Redfern Clo. *Norw* —6B **18**
Redfern Rd. *Norw* —6A **18**
Red Lion St. *Norw*
    —4D **26** (6C **5**)
Red Lion Yd. *Norw*
    —3D **26** (3C **4**)
Redwell St. *Norw*
    —3D **26** (4C **4**)
Redwing Gdns. *Spix* —3G **11**
Reeder's La. *Alp* —6G **41**
Reepham Rd. *Hors* —1G **7**
Reepham Rd. *Norw* —2G **27**
Regency Ct. *Norw* —2G **27**
Regina Rd. *Norw* —5C **26** (8B **5**)
Renson Clo. *Norw* —3B **16**
Reve Cres. *Blo* —4F **21**
Reydon Clo. *Norw* —2B **24**
Rhond, The. *Hov* —2B **42**
Rice Way. *Norw* —5H **17**
Richardson Cres. *Hether*
    —4B **32**
Richenda Clo. *Norw* —4E **25**
Richmond Rd. *Norw* —6H **13**
Rider Haggard Rd. *Norw*
    —6H **17**
Ridgeway, The. *Norw* —1G **27**
Ridings, The. *Crin* —3E **35**
Ridings, The. *Por* —3B **40**
Rigby Clo. *Fram E* —3D **40**
Rightup La. *Wym* —5E **39**
(in two parts)
Rigsby's Ct. *Norw* —4A **4**
Riley Clo. *Norw* —6A **18**
Rimington Rd. *Norw* —3F **17**
Ringers Clo. *Wym* —3E **39**
Ringland La. *Cos* —1C **12**
Ringland La. *Eas* —3A **12**
Ringland La. *Ring* —4A **6**
Ringland Rd. *Eas* —3A **12**
(in two parts)
Ringland Rd. *Tav* —5B **6**
Ring Rd. *Norw* —2B **28**
Ringwood Clo. *Lit M* —1E **33**
Ripley Clo. *Norw* —4G **25**
Riseway Clo. *Norw* —1G **27**
Riverdale Clo. *Brun* —4F **31**
Riverdene M. *Tav* —2H **7**
River La. *Norw* —2E **27** (1E **4**)
Riverside. *Norw* —4E **27** (5F **5**)
Riverside Clo. *Norw* —5E **15**
Riverside Rd. *Hov* —3B **42**
Riverside Rd. *Norw*
    —3E **27** (5F **5**)
Riverside Wlk. *Norw*
(NR1)   —4E **17** (6E **5**)

Riverside Wlk. *Norw*
(NR2)   —1B **26** (2A **4**)
Riverway Ct. *Norw*
    —3E **27** (4F **4**)
Roaches Ct. *Norw*
    —3D **26** (3C **4**)
Robberds Way. *Norw* —1H **23**
Robert Clo. *Wym* —2D **38**
Robert Gybson Way. *Norw*
    —3C **26** (3A **4**)
Robert Kett Ct. *Norw* —2F **4**
Robin Hood Rd. *Norw* —2B **36**
Robson Rd. *Norw* —3C **24**
Rocelin Clo. *Norw* —4D **16**
Rockingham Rd. *Norw* —3D **24**
Rockland Dri. *Norw* —3H **27**
Roedich Dri. *Tav* —4F **7**
Rogers Clo. *Norw* —2C **24**
Rolleston Clo. *Norw* —2C **24**
Roman Dri. *Brun* —3D **30**
Romany Rd. *Norw* —6E **17**
Romany Wlk. *Por* —3C **40**
Rook Dri. *Tav* —3H **7**
Ropemakers Row. *Norw*
    —6B **16**
Ropes Wlk. *Blo* —1G **31**
Rosa Clo. *Spix* —3H **11**
Rosalie Clo. *Helle* —3A **16**
Rosary Rd. *Norw* —3F **27** (3F **4**)
Rosberry Rd. *Gt Plum* —1A **30**
Roseacre Clo. *Norw* —1B **36**
Rose Av. *Norw* —4D **26** (5D **5**)
Rosebay Clo. *Norw* —2C **16**
Rosebery Av. *Por* —4D **40**
Rosebery Ct. *Norw* —3E **29**
Rosebery Rd. *Norw* —6C **16**
Rose Cotts. *Hor F* —2B **10**
Rosedale Cres. *Norw* —4F **27**
Rosefields. *Brun* —3G **31**
Rose La. *Norw* —4D **26** (5D **5**)
Rosemary La. *Norw*
    —2C **26** (2B **4**)
Rosemary Rd. *Blo* —3F **21**
Rosemary Rd. *Wym* —3G **17**
Rosetta Rd. *Spix* —2H **11**
Rose Valley. *Norw* —4A **26**
Roseville Clo. *Norw* —4G **27**
Rose Wlk. *Brun* —4E **31**
Rose Yd. *Norw* —1B **4**
Rosslare. *Norw* —2H **35**
Rossons Rd. *Tav* —4F **7**
Rostwold Way. *Norw* —5C **16**
Rotary Clo. *Norw* —5F **15**
Rotary Ho. *Norw* —8F **5**
Rothbury Clo. *Wym* —4C **38**
Rothbury Rd. *Wym* —4D **38**
Rouen Rd. *Norw*
    —4D **26** (5D **5**)
Roundhead Ct. *Norw* —2E **29**
Roundtree Clo. *Norw* —5G **17**
Roundtree Clo. Ind. Est. *Norw*
    —5G **17**
Roundtree Trad. Est. *Norw*
    —5G **17**
Roundtree Way. *Norw* —5G **17**
Roundway Down. *Norw* —1E **29**
Round Well Rd. *Norw* —6G **13**
Rowan Clo. *Wym* —3F **39**
Rowan Ct. *Norw* —6A **14**
(NR5)
Rowan Ct. *Norw* —4A **18**
(NR7)
Rowan Gdns. *Hether* —5C **32**
Rowington Rd. *Norw*
    —5C **26** (8B **5**)
Rowland Ct. *Norw*
    —5D **26** (8D **5**)

Rowton Heath. *Norw* —1E **29**
Roxley Clo. *Norw* —4C **28**
Royal Arc. *Norw* —5C **5**
Royalist Dri. *Norw* —2E **29**
Royal Oak Ct. *Norw* —6D **5**
Rugge Dri. *Norw* —1F **35**
Runcton Clo. *Norw* —2C **24**
Runnel, The. *Norw* —3A **24**
Runnymede. *Norw* —2C **4**
Rupert St. *Norw* —5B **26**
(in two parts)
Rushmore Clo. *Norw* —2F **17**
Rushmore Rd. *Norw* —2F **17**
Ruskin Rd. *New C* —6C **14**
Ruskin Rd. *Norw* —5F **25**
Russell Av. *Norw* —4F **17**
Russell Av. *Spix* —2G **11**
Russell St. *Norw* —2B **26**
Russell Ter. *Tro* —1G **37**
Russell Way. *Wym* —5D **38**
Russet Gro. *Norw* —4F **25**
Rustens Mnr. Rd. *Wym*
    —3D **38**
Rutland St. *Norw* —5B **26**
Rydal Clo. *Norw* —3D **24**
Rye Av. *Norw* —4A **16**
Rye Clo. *Norw* —5A **16**
Ryrie Ct. *Norw* —1G **35**

Sadler Rd. *Norw* —6G **9**
Saffron Sq. *Norw* —4B **16**
Sainsbury Cen. *Norw* —6C **24**
St Alban's Rd. *Norw* —6C **26**
St Andrews Av. *Norw* —3D **28**
St Andrews Bus. Pk. *Norw*
    —3E **29**
St Andrew's Clo. *Blo* —2G **31**
St Andrews Clo. *Norw* —3D **28**
St Andrews Clo. *Por* —4D **40**
St Andrews Dri. *Norw* —3F **35**
St Andrews Hall Plain. *Norw*
    —3C **4**
St Andrews Hill. *Norw*
    —3D **26** (4C **4**)
St Andrew's Rd. *Norw* —1E **15**
St Andrews Sq. *Norw* —3E **29**
St Andrews St. *Norw*
    —3C **26** (4C **4**)
St Andrew's Way. *Blo* —2G **31**
St Annes Rd. *Fram E* —4D **40**
St Ann La. *Norw* —4E **27** (6E **5**)
St Augustines St. *Norw* —1C **26**
St Barnabas Ct. Norw —2B 26
(off Orchard St.)
St Bartholomews Clo. *Norw*
    —1A **26**
St Benedicts St. *Norw*
    —3B **26** (3A **4**)
St Catherine Clo. *Norw* —5D **26**
St Catherines Clo. *Norw* —7C **5**
St Catherines Plain. *Norw*
    —8D **5**
St Catherine's Rd. *Norw* —1C **28**
St Clements All. *Norw* —2C **4**
St Clements Hill. *Norw* —6D **16**
St Clements Way. *Brun* —3E **31**
St Crispins Rd. *Norw*
    —2C **26** (2A **4**)
St Davids Dri. *Norw* —5E **19**
St David's Rd. *Hether* —6C **32**
St Edmund Clo. *Cai E* —2A **40**
St Edmund's Clo. *Cos* —2A **14**
St Edmund's Clo. *Norw* —6F **15**
St Edmund's Ri. *Tav* —5F **7**
St Edmund's Rd. *Tav* —4F **7**

St Edmunds Way. *Fram P*
    —1H **41**
St Faiths La. *Norw*
    —3D **26** (4D **4**)
St Faiths Rd. *Norw* —2C **16**
St Georges All. *Norw* —2B **4**
St Georges St. *Norw*
    —2C **26** (2B **4**)
St Giles St. *Norw* —3C **26** (4A **4**)
St Giles Ter. *Norw* —4A **4**
St Gregory's All. *Norw* —4B **4**
St Helena Way. *Hors* —1F **9**
St Helen's Sq. *Norw*
    —2E **27** (2E **4**)
St James Clo. *Norw*
    —2E **27** (1F **4**)
St John Maddermarket. *Norw*
    —3C **26** (4B **4**)
St John's All. *Norw* —4B **4**
St John's Clo. *Hether* —6C **32**
St John's Clo. *Norw* —1D **36**
St Johns St. *Norw*
    —4E **27** (5E **5**)
St Julians All. *Norw*
    —4D **26** (6D **5**)
St Laurence Av. *Brun* —3D **30**
St Lawrence Clo. *Norw* —4A **4**
St Lawrence Dri. *Norw* —2D **34**
St Lawrence La. *Norw*
    —3C **26** (4B **4**)
St Lawrence Lit. Steps. *Norw*
    —3A **4**
St Leonards Dri. *Wym* —2D **38**
St Leonards Rd. *Norw*
    —3F **27** (4F **4**)
St Leonard's Ter. Norw —3F 27
(off Gas Hill)
St Margarets All. *Norw* —3A **4**
St Margarets Dri. *Norw* —2G **17**
St Margarets Gdns. *Hov*
    —1C **42**
St Margarets St. *Norw*
    —3C **26** (3A **4**)
St Martin-at-Palace Plain. *Norw*
    —2D **4**
St Martins at Oak Wall La. *Norw*
    —1A **4**
St Martins-at-Palace Plain. *Norw*
    —2D **26**
St Martin's Clo. *Norw* —1C **26**
St Martin's La. *Norw*
    —2C **26** (2A **4**)
St Martin's Rd. *Norw*
    —1C **26** (1A **4**)
St Mary's All. *Norw* —2B **4**
St Mary's Clo. *Alp* —4H **41**
St Mary's Clo. *Gt Plum* —6A **20**
St Mary's Clo. *Hor F* —2B **10**
St Mary's Clo. *Wrox* —3A **42**
St Marys Gro. *Norw* —4H **17**
St Mary's Ho. *Norw*
    —2C **26** (2A **4**)
St Mary's Plain. *Norw*
    —2C **26** (2B **4**)
St Mary's Rd. *Norw* —1C **26**
St Marys Rd. *Por* —4D **40**
St Matthews Rd. *Norw*
    —3E **27** (4F **4**)
St Michael at Pleas. *Norw*
    —3D **4**
St Michael's Ter. *Norw* —2F **27**
St Michaels Way. *Brun* —5H **31**
St Mildreds Rd. *Norw* —3C **26**
St Miles All. *Norw* —3B **4**
St Olaves Rd. *Norw* —1D **26**
St Paul's Clo. *Hors* —1G **9**
St Paul's Clo. *Norw* —2H **15**

A-Z Norwich 53

St Pauls Opening—Sun La.

St Pauls Opening. *Norw* —2D **26** (1D **4**)
St Paul's Sq. *Norw* —1D **4**
St Peters Clo. *Norw* —3E **35**
St Peters Dri. *Eas* —5A **12**
St Peters St. *Norw* (in two parts) —3C **26** (4B **4**)
St Peter's Way. *Spix* —2G **11**
St Philips Clo. *Norw* —3A **26**
St Philips Rd. *Norw* —3A **26**
St Saviours All. *Norw* —1C **4**
St Saviours La. *Norw* —2D **26** (2C **4**)
Saints Ct. *Norw* —6C **5**
St Simon Ct. *Norw* —3D **4**
St Stephens Rd. *Norw* —5C **26** (8A **5**)
St Stephens Sq. *Norw* —5C **26** (7A **5**)
St Stephens St. *Norw* —4C **26** (6B **5**)
St Swithins All. *Norw* —3A **4**
St Swithins Rd. *Norw* —3C **26** (3A **4**)
St Thomas Dri. *Wym* —6D **38**
St Thomas Rd. *Norw* —3H **25**
St Vedast St. *Norw* —3E **27** (4E **4**)
St Walstans Clo. *Norw* —6G **13**
St Walstan's Clo. *Tav* —5G **7**
St Walstan's Rd. *Tav* —4G **7**
St Williams Way. *Norw* —1H **27**
Saker Clo. *Norw* —1E **29**
Sale Rd. *Norw* —5A **18**
Salhouse Rd. *Lit P* —1C **20**
Salhouse Rd. *Norw* —6H **17**
Salhouse Rd. *Rack* —1G **19**
Salhouse Rd. *Wrox* —5A **42**
Salhouse Rd. Ind. Est. *Norw* —5H **17**
Salisbury Rd. *Norw* —4G **27**
Salter Av. *Norw* —4F **25**
Samson Rd. *Norw* —3G **15**
Samuel Rd. *Norw* —2G **27**
Sandhole La. *Lit P* —2B **20**
Sandholme Clo. *Norw* —1G **27**
Sandringham Ct. *Norw* —8A **5**
Sandringham Rd. *Norw* —3A **26**
Sandy La. *Bux* —1F **9**
Sandy La. *Eas* —2A **12**
Sandy La. *Norw* —2C **36**
Sandy La. *Tav* —5F **7**
Saracen Rd. *Norw* —1G **15**
Sarah Williman Clo. *Norw* —4D **24**
Saunders Ct. *Norw* —3C **24**
Savery Clo. *Norw* —3C **24**
Sawmill Clo. *Wym* —3C **38**
Sawyers Clo. *Norw* —6H **13**
Saxonfields. *Por* —5C **40**
Sayers St. *Norw* —2B **26**
Scarlet Rd. *Norw* —2C **36**
Scarnell Rd. *Norw* —3E **25**
Sceptre Clo. *Norw* —4H **15**
Scholars Ct. *Norw* —2C **26** (2B **4**)
School Av. *Norw* —3C **28**
School La. *Hors* —2G **9**
School La. *Lit M* —1F **33**
School La. *Norw* —4C **4**
School La. *Spro* —3E **17**
School La. *Thor* —3A **28** (in three parts)
School Rd. *Dray* —4A **8**
School Rd. *Lit P* —4C **20**
School Ter. *Tro* —1G **37**
Scotch Hill Rd. *Tav* —4E **7**

Scott Rd. *Norw* —4G **27**
Scott's Ct. *Norw* —6C **5**
Scott's Yd. *Norw* —7D **5**
Seabrook Ct. *Norw* —2B **24**
Seaforth Dri. *Tav* —5H **7**
Seaman Tower. *Norw* —5H **15**
Seates, The. *Tav* —3G **7**
Sedman Wlk. *Norw* —1B **24** (off Rawley Rd.)
Sego Va. *Tav* —5H **7**
Seppings Way. *Thor E* —4E **19**
Seton Rd. *Tav* —4H **7**
Sewell Rd. *Norw* —6D **16**
Shack La. *Blo* —1E **31**
Shakespeare Way. *Tay* —5G **7**
Sheep Mdw. Clo. *Norw* —6A **14**
Sheffield Rd. *Wym* —2D **38**
Shelley Dri. *Tav* —5G **7**
Shepherd Clo. *Norw* —4E **25**
Shepherds Clo. *Hors* —2F **9**
Shepherd Way. *Tav* —3H **7**
Sherborne Pl. *Norw* —7E **5**
Sherbourne Pl. *Norw* —5E **27**
Sheridan Clo. *Dray* —5A **8**
Sherwell Rd. *Norw* —1F **15**
Sherwood Rd. *Norw* —2B **36**
Sherwyn Ho. *Norw* —2C **26** (2B **4**)
Shillgate Way. *Tav* —3F **7**
Shillito Rd. *Blo* —1H **31**
Shipfield. *Norw* —4E **17**
Shipstone Rd. *Norw* —1C **26**
Shires, The. *Dray* —3A **8**
Shooters Clo. *Tav* —4G **7**
Shop La. *Hether* —4F **33**
Shorncliffe Av. *Norw* —6A **16**
Shorncliffe Clo. *Norw* —6B **16**
Shotesham Rd. *Por* —6B **40**
Shrublands, The. *Hors* —1F **9**
Shrublands, The. *W Pot* —3A **26** (off W. Pottergate)
Sidell Clo. *Norw* —4D **34**
Sidney Rd. *Cos* —3A **14**
Sienna M. *Norw* —2G **27**
Sigismund Rd. *Norw* —6C **26** (8B **5**)
Silfield Av. *Wym* —6E **39**
Silfield Rd. *Wym* —6D **38**
Silkfields. *Norw* —2A **4**
Silver Haven. *Norw* —1E **27** (off Silver Rd.)
Silver Rd. *Norw* —6E **17** (1E **4**)
Silver St. *Norw* —1D **26** (1D **4**)
Singer Ct. *Norw* —2C **4**
Skedge Way. *Blo* —4E **21**
Skelton Rd. *Norw* —1H **27**
Skinners La. *Wrox* —5A **42**
Skipping Block Row. *Wym* —1H **39**
Skippon Way. *Norw* —1E **29**
Skoner Rd. *Norw* —1C **24**
Skye Clo. *Norw* —1B **24**
Slade La. *Fram P* —1G **41**
Sleaford Grn. *Norw* —5B **16**
Smeat St. *Norw* —2C **24**
Smee La. *Gt Plum* —1G **29**
Smithdale Rd. *Norw* —6C **14**
Smithfield Rd. *Norw* —6D **26**
Smithson Clo. *Wym* —3D **38**
Smock Mill Loke. *Wym* —3C **38**
Snowberry Clo. *Tav* —3E **7**
Softley Dri. *Norw* —1D **34**
Sole Clo. *Hors* —2G **9**
Soleme Rd. *Norw* —5A **16**
Somerleyton Gdns. *Norw* —4B **26**
Somerleyton St. *Norw* —4B **26**

Somerset Way. *Tav* —4D **6**
Sonya Ter. *Norw* —2G **27**
Sorrel Ho. *Norw* —1B **24**
Sotherton Rd. *Norw* —6G **25**
South Av. *Norw* —4B **28**
South Cft. *Hether* —5C **32**
Southerwood. *Norw* —2C **16**
Southfield La. *Blo* —1E **21**
S. Gage Clo. *Norw* —3A **18**
Southgate La. *Norw* (in two parts) —5E **27** (8E **5**)
S. Hill Clo. *Norw* —1C **28**
S. Hill Rd. *Norw* —6C **18**
S. Park Av. *Norw* —6F **25**
South Wlk. *Thor E* —5E **19**
Southwell Rd. *Hor F* —2H **9**
Southwell Rd. *Norw* —5C **26** (8B **5**)
S. Wood Dri. *Cai E* —2A **40**
Sovereign Way. *Norw* —2D **26** (1C **4**)
Sparhawk Av. *Norw* —3H **17**
Sparhawk Clo. *Norw* —3H **17**
Spar Rd. *Norw* —2B **16**
Speedwell Rd. *Wym* —4E **39**
Speke St. *Norw* —2H **25**
Spelman Rd. *Norw* —5H **25**
Spencer Clo. *Lit P* —2C **20**
Spencer Rd. *Norw* —2B **16**
Spencer St. *Norw* —1D **26** (1D **4**)
Spigot Rd. *Wym* —6B **38**
Spindle Clo. *Wym* —4E **39**
Spindle Rd. *Norw* —3C **16**
Spink's La. *Wym* —2G **39** (in three parts)
Spinney Clo. *Norw* —1C **28**
Spinney Rd. *Norw* —1B **28**
Spitalfields. *Norw* —2F **27**
Spitfire Rd. *Norw* —1B **16**
Spixworth Rd. *Hor F* —2B **10**
Spixworth Rd. *Norw* —4D **16**
Springbank. *Norw* —1D **36**
Springdale Cres. *Brun* —3D **30**
Springdale Rd. *Brun* —3D **30**
Springfield Rd. *Norw* —5A **18**
Springfield Rd. *Tav* —4F **7**
Springfields. *Por* —4C **40**
Springwood. *Tav* —4H **7**
Sprowston Retail Pk. *Norw* —5H **17**
Sprowston Rd. *Norw* —6D **16**
Spruce Cres. *Por* —4C **40**
Spur Ind. Est. *Wym* —4D **38**
Spur La. *Fram E* —2C **40**
Spynke Rd. *Norw* —4A **16**
Square, The. *Dray* —3H **7**
Square, The. *Norw* —5D **24**
Squire's Haven. *Norw* —4F **27**
Stacy Rd. *Norw* —1D **26**
Stafford Av. *Norw* —6A **14**
Stafford St. *Norw* —3H **25**
Staithe Rd. *Brun* —4F **31**
Staitheway Rd. *Wrox* —3B **42**
Stalham Rd. *Hov* —2C **42**
Stalham Rd. Ind. Est. *Hov* —1D **42**
Stamp Office Yd. *Norw* —5C **4**
Standley Ct. *Norw* —4C **38**
Stanfield Rd. *Wym* —5G **39**
Stanford Cres. *Lit P* —2C **20**
Stanley Av. *Norw* —4H **27**
Stanleys La. *Wym* —6D **38**
Stanmore Clo. *Norw* —3B **28**
Stanmore Rd. *Thor A* —3B **28**
Stannard Pl. *Norw* —2C **26** (2C **4**)

Stannard Rd. *Norw* —4G **25**
Stan Petersen Clo. *Norw* —3F **27**
Starling Rd. *Norw* —1C **26**
Statham Clo. *Norw* —1A **36**
Station Cotts. *Hether* —6H **33**
Station La. *Hether* —4G **33** (in two parts)
Station New Rd. *Brun* —4G **31**
Station Rd. *Brun* —5F **31**
Station Rd. *Dray* —6A **8**
Station Rd. *Hov* —2B **42**
Station Rd. *Wym* —5D **38**
Steepgreen Clo. *Norw* —1H **27**
Steeple Chase. *Dray* —3A **8**
Stepping La. *Norw* —4D **26** (5D **5**)
Steps, The. *Norw* —3A **26**
Stevenson Rd. *Norw* —2C **24**
Steward Clo. *Wym* —3E **39**
Steward St. *Norw* —1D **26** (1D **4**)
Stile La. *Wym* —3C **38**
Stillington Clo. *Norw* —4G **17**
Stimpson Loke. *Cos* —4B **14**
Stocks Hill. *Baw* —3E **23**
Stocks La. *Blo* —2G **31**
Stoke Rd. *Norw* —2E **37**
Stoke Rd. *Por* —3B **40**
Stone Breck. *Norw* —5H **13**
Stone Bldgs. *Norw* —6D **16**
Stone Ho. Ct. *Norw* —5C **16**
Stonehouse Rd. *Norw* —3G **17**
Stonemasons Ct. *Norw* —1B **4**
Stone Rd. *Norw* —6B **16**
Stone Rd. *Stru* —6H **31**
Stracey Rd. *Norw* —4F **27**
Strangers Ct. *Norw* —3C **26** (4B **4**)
Stratford Clo. *Norw* —1E **37**
Stratford Cres. *Norw* —2D **34**
Stratford Dri. *Norw* —1D **36**
Strayground La. *Wym* —6C **38**
Street, The. *Blo* —2G **31**
Street, The. *Brun* —3E **31**
Street, The. *Cos* —3H **13**
Street, The. *Fram P* —1D **40**
Street, The. *Norw* —5D **24** (off Square, The)
Street, The. *Por* —3C **40**
Street, The. *Ring* —4A **6**
Street, The. *Surl* —6C **30**
Street, The. *Tav* —4E **7**
Street, The. *Tro* —1G **37**
Strumpshaw Rd. *Brun* —4F **31**
Stuart Clo. *Hether* —4D **32**
Stuart Ct. *Norw* —4E **4**
Stuart Gdns. *Norw* —4E **4**
Stuart Rd. *Norw* —5E **27** (8F **5**)
Stylman Rd. *Norw* —2B **24**
Suckling Av. *Norw* —4A **16**
Suckling La. *Fram P* —1E **41**
Suckling La. *Hether* —6E **33**
Suffield Clo. *Norw* —4E **35**
Suffield Ct. *Norw* —2E **27** (2E **4**) (NR1)
Suffield Ct. *Norw* —5C **24** (NR3)
Suffolk Rd. *Norw* —5D **24**
Suffolk Sq. *Norw* —4B **26**
Suffolk Ter. *Norw* —6D **24**
Suffolk Wlk. *Norw* —6E **25**
Sukey Way. *Norw* —3A **24**
Summer Dri. *Hov* —1C **42**
Sumpter Rd. *Norw* —1F **35**
Suncroft. *Norw* —1E **37**
Sun La. *Norw* —6C **16**

54 A-Z Norwich

Sunningdale—Watling Rd.

Sunningdale. *Norw* —1H **35**
Sunny Clo. *Norw* —6C **14**
Sunny Gro. *Norw* —6C **14**
Sunny Hill. *Norw* —1E **37**
Sunnyside Av. *Por* —4C **40**
Supple Clo. *Norw* —2H **27**
Surrey Clo. *Norw* —2H **17**
Surrey Gro. *Norw*
—5D **26** (7C **5**)
Surrey St. *Norw* —4D **26** (6C **5**)
Sursham Av. *Norw* —3E **17**
Sussex St. *Norw* —2C **26** (1A **4**)
Suters Dri. *Dray* —3H **7**
Sutherland Av. *Norw* —3H **15**
Sutton La. *Wym* —6B **38**
Swafield St. *Norw* —2A **24**
Swale, The. *Norw* —3A **24**
Swan La. *Norw* —4C **4**
Swan Plain. *Hor F* —2A **10**
Swansea Rd. *Norw* —4A **26**
Swansgate. *Norw* —1D **16**
Swan St. *Hor F* —2A **10**
Swanton Rd. *Norw* —1A **26**
Sweet Briar Ind. Est. *Norw*
—6G **15**
Sweetbriar La. *Norw* —6G **11**
Sweet Briar Retail Pk. *Norw*
—5G **15**
Sweet Briar Rd. *Norw* —1G **25**
Swinbourne Clo. *Norw* —4C **16**
Swindells Clo. *Norw* —5B **14**
Sycamore Av. *Wym* —3E **39**
Sycamore Cres. *Norw* —2G **25**
Sydney Rd. *Spix* —2F **11**
Sylvan Way. *Blo* —3F **21**
Sylvan Way. *Tav* —5H **7**
Sywell Clo. *Norw* —1E **17**

Tagg Way. *Rack* —1F **19**
Talbot Clo. *Wym* —3D **38**
Talbot Sq. *Norw* —2C **26** (1A **4**)
Taleworth Clo. *Norw* —2B **24**
Tamarind M. *Eat* —2F **35**
Tanager Clo. *Norw* —4C **16**
Tanners Ct. *Norw* —1B **26**
Tansy Clo. *Norw* —3C **16**
Taverham Chase. *Tav* —5G **7**
Taverham La. *Cos* —5E **7**
Taverham Rd. *Tav* —5F **7**
Taverners Sq. *Norw* —1E **4**
Taylor Av. *Norw* —4D **34**
Taylor Rd. *Norw* —3D **24**
Taylor's Ct. *Norw* —6D **16**
(off Magdalen Rd.)
Taylor's La. *Norw* —1C **16**
Telegraph La. E. *Norw* —3F **27**
Telegraph La. W. *Norw* —3F **27**
Telford Clo. *Sweet B* —6G **15**
Templemere. *Norw* —5F **17**
Temple Rd. *Norw* —6D **16**
Ten Bell Ct. *Norw*
—3C **26** (4A **4**)
Ten Bell La. *Norw*
—3C **26** (4A **4**)
Tenison Ct. *Norw* —2F **35**
Terence Av. *Norw* —3F **17**
Terrace, The. *Norw* —3F **27**
Terrace Wlk. *Norw* —8D **5**
Theatre St. *Norw*
—4C **26** (5A **5**)
Theobald Rd. *Norw* —4C **36**
Thicket, The. *Dray* —3H **7**
Thirlmere. *Hether* —4E **33**
Thistledown Ho. *Hors* —1C **8**
Thomas Tawell Ho. *Norw*
—1C **4**

Thomas Vere Rd. *Norw* —2C **28**
Thompson Rd. *Norw* —1C **28**
Thompsons Yd. *Norw*
—2D **26** (2C **4**)
Thor Clo. *Norw* —2B **28**
Thor Loke. *Norw* —2B **28**
Thornham Clo. *Norw* —5G **17**
Thornham Dri. *Norw* —5G **17**
Thornham Rd. *Norw* —5G **17**
Thorn La. *Norw* —4D **26** (6D **5**)
Thoroughfare Yd. *Norw* —2C **4**
Thorpe Av. *Norw* —1B **28**
Thorpe Clo. *Norw* —2C **28**
Thorpe Hall Clo. *Norw* —4H **27**
Thorpe Heights. *Norw*
—3F **27** (4F **4**)
Thorpe M. *Norw* —4C **28**
Thorpe Rd. *Norw* —4E **27** (5F **5**)
Thorpe Rd. Bus. Cen. *Norw*
—4F **27** (5F **5**)
Thor Rd. *Norw* —2B **28**
Three Acre Clo. *Hov* —1B **42**
Three Corner Dri. *Norw* —1E **17**
Three King La. *Norw*
—3C **26** (4A **4**)
Three Mile La. *Norw* —6A **14**
Three Score Rd. *Norw* —3A **24**
Three Towers Ct. *Norw* —5H **15**
Three Tuns Ct. *Norw* —5D **5**
Throckmorton Yd. *Norw*
—1D **26** (1C **4**)
Thunder La. *Norw* —1B **28**
Thurlby Rd. *Norw* —1H **23**
Thurling Loke. *Norw* —6B **18**
Thurling Plain. *Norw* —6B **18**
Thurlow Clo. *Norw* —1H **23**
Thurston Clo. *Norw* —1A **24**
Tiercel Av. *Norw* —3H **17**
Tillett Ct. *Norw* —5D **16**
Tillett Rd. *Norw* —5D **16**
Tillett Rd. E. *Norw* —5D **16**
Tills Clo. *Norw* —3E **17**
Tills Rd. *Norw* —2E **17**
Timberhill. *Norw* —4D **26** (5C **5**)
Timothy Clo. *Norw* —1G **27**
Tinker's La. *Stru* —6H **31**
Tippett Clo. *Norw* —3B **24**
Toad La. *Gt Plum* —5H **19**
Toftes Pl. *Norw* —1C **4**
Tollhouse Rd. *Norw* —2F **25**
Tolwin Wlk. *Norw* —6E **17**
Tombland. *Norw* —3D **26** (3D **4**)
Tombland All. *Norw* —3D **4**
Tortoishell Way. *Wym* —4F **39**
Tottington Clo. *Norw* —1A **24**
Tower Clo. *Cos* —3F **13**
Tower Hill. *Cos* —3F **13**
Tower Hill. *Norw* —3A **28**
Towers, The. *Norw* —8F **5**
Town Clo. Rd. *Norw* —6B **26**
Town Grn. *Wym* —4C **38**
Town Ho. Rd. *Cos* —3H **13**
Townsend Rd. *Norw* —2B **36**
Townshend Ct. *Norw*
—6D **26** (8B **5**)
Toyle Rd. *Norw* —2A **24**
Tracey Rd. *Norw* —6B **18**
Trafalgar St. *Norw*
—5D **26** (8C **5**)
Trafford Rd. *Norw*
(in two parts) —5C **26** (8B **5**)
Trafford Wlk. *Wrox* —5A **42**
Traverse St. *Norw* —6C **16**
Tremaine Clo. *Norw* —6F **15**
Trendall Rd. *Norw* —3H **17**
Trident Dri. *Norw* —2F **27**
Trilithon Clo. *Norw* —5E **15**

Trimming Wlk. *Tav* —5H **7**
Trinity St. *Norw* —4B **26**
Trix Rd. *Norw* —5B **26**
Trory St. *Norw* —4B **26**
Troutbeck. *Hether* —4E **33**
Trowse By-Pass. *Tro* —1F **37**
Truman Clo. *Norw* —4D **24**
Tuckswood Cen. *Norw* —2B **36**
Tuckswood La. *Norw* —1B **36**
Tudor Ct. *Norw* —5D **26** (8D **5**)
Tungate Cres. *Norw* —4E **35**
Tunstall Clo. *Norw* —2B **24**
Tunstead La. *Hov* —1C **42**
Tunstead Rd. *Hov* —2B **42**
Turner Clo. *Wym* —3F **39**
Turner Rd. *Norw* —2H **25**
Turners Sq. *Norw* —5D **5**
Turnham Grn. *Norw* —1E **29**
Tusser Rd. *Tav* —5H **7**
Tusting Clo. *Norw* —3E **17**
Tuttles La. E. *Wym* —2D **38**
Tuttles La. W. *Wym* —2A **38**
Twickenham Rd. *Norw* —2A **16**
Two Brewers Yd. *Norw* —1C **4**
Two Saints Clo. *Hov* —1C **42**

Ullswater Dri. *Hether* —4E **33**
Union Pl. *Norw* —5E **25**
Union St. *Norw* —5B **26** (6A **5**)
University Dri. *Norw* —4D **24**
Unthank Rd. *Norw* —6H **25**
(NR2)
Unthank Rd. *Norw* —1F **35**
(NR4)
Upgate. *Por* —4E **41**
Uphalle. *Tav* —4G **7**
Uplands Ct. *Norw* —6H **25**
Up. Breckland Rd. *Norw*
—6A **14**
Upper Clo. *Norw*
—3D **26** (3D **4**)
Up. Goat La. *Norw*
—3C **26** (4B **4**)
Up. Green La. *Norw*
—2D **26** (1C **4**)
Up. King St. *Norw*
—3D **26** (4D **4**)
Up. St Giles St. *Norw*
—3B **26** (4A **4**)
Up. Stafford Av. *Norw* —6A **14**
Upton Clo. *Norw* —1H **35**
Upton Rd. *Norw* —6H **25**

Vale Clo. *Hors* —2F **9**
Vale Grn. *Norw* —6H **15**
Valentine St. *Norw* —3B **26**
Valley Dri., The. *Norw* —6G **17**
Valley Rd. *Norw* —6C **14**
Valleyside. *Wym* —5D **38**
Valley Side Rd. *Norw* —1H **27**
Valley Vw. Cres. *Norw* —6A **14**
Valpy Av. *Norw* —6H **15**
Vancouver Rd. *Norw* —1H **27**
Varvel Av. *Norw* —3H **17**
Varvel Clo. *Norw* —4H **17**
Vauxhall St. *Norw*
—4B **26** (5A **5**)
Vawdrey Rd. *Dray* —4A **8**
Venables Clo. *Norw* —2G **27**
Vera Clo. *Rack* —2G **19**
Vera Rd. *Norw* —3A **16**
Vera Rd. *Rack* —1G **19**
Vetch Clo. *Wym* —4E **39**
Vicarage Clo. *Cos* —2A **14**
Vicarage Ct. *Norw* —4F **17**

Vicarage Rd. *Norw* —6B **16**
Vicar St. *Wym* —4C **38**
Victoria Clo. *Tav* —5F **7**
Victoria Rd. *Tav* —5F **7**
Victoria St. *Norw*
—5C **26** (7B **5**)
Victoria Way. *New C* —5C **14**
Vienna Appartments. *Norw*
—4H **27**
Villavon Way. *Blo* —3G **21**
Vimy Dri. *Wym* —4E **39**
Vimy Ridge. *Wym* —4E **39**
Vincent Rd. *Norw* —2F **27**
Violet Elvin Ct. *Norw* —4G **25**
Violet Rd. *Norw* —6E **17**
Virginia Clo. *Norw* —3H **17**
Vulcan Clo. *Hether* —4D **32**
Vulcan Rd. Ind. Est. *Norw*
—2B **16**
Vulcan Rd. N. *Norw* —2B **16**
Vulcan Rd. S. *Norw* —3B **16**

Waddington Ct. *Norw* —2A **26**
Waddington St. *Norw* —2A **26**
Wades Yd. *Norw* —4D **4**
Waggon & Horses La. *Norw*
—3D **26** (3C **4**)
Wakefield Rd. *Norw* —3D **24**
Wakehurst Clo. *Norw* —2G **35**
Walcot Clo. *Norw* —2C **24**
Waldeck Rd. *Norw* —6H **25**
Waldegrave. *Norw* —1B **24**
Waldemar Av. *Norw* —2A **16**
Waldemar Pk. *Norw* —2A **16**
Wales Sq. *Norw* —3E **27** (4E **4**)
Waller Clo. *Norw* —6E **19**
Wall Rd. *Norw* —5D **16**
Walnut Clo. *Tav* —3G **7**
Walnuts, The. *Norw* —1A **36**
Walpole Gdns. *Norw* —5A **5**
Walpole St. *Norw*
—4B **26** (5A **5**)
Walsingham Dri. *Tav* —2H **7**
Walters Rd. *Tav* —5G **7**
Walton Rd. *Norw* —6D **26**
Ward La. *Norw* —4G **27**
Waring Rd. *Norw* —3C **24**
War Memorial Cotts. *Norw*
—5G **17**
Warnett Rd. *Norw* —6A **18**
Warren Av. *Norw* —2H **15**
Warren Clo. *Hors* —1C **8**
Warren Clo. *Norw* —3D **16**
Warren, The. *Hor F* —1A **10**
Warwick Dri. *Wym* —2D **38**
Warwick St. *Norw* —4A **26**
Wash La. *Por* —5D **40**
Watering, The. *Norw* —1B **26**
Water La. *Crin* —2D **34**
Water La. *Lit P* —6A **20**
Water La. *Norw* —3C **26** (3B **4**)
(NR3)
Water La. *Norw* —4A **28**
(NR14)
Waterloo Clo. *Hor F* —2A **10**
Waterloo Pk. Av. *Norw* —6B **16**
Waterloo Pk. Clo. *Norw* —6B **16**
Waterloo Rd. *Hor F* —2B **10**
Waterloo Rd. *Norw* —1C **26**
Waterlow. *Blo* —1H **31**
Waterman Rd. *Norw* —2G **25**
Waterside. *Norw* —2E **27** (2F **4**)
Waterside, The. *Helle* —4E **15**
Waterworks Rd. *Norw* —2H **25**
Watkin Clo. *Norw* —3B **36**
Watling Rd. *Norw* —5A **18**

A-Z Norwich 55

Watlings Ct.—Zobel Clo.

Watlings Ct. *Norw* —4A **4**
Watson Gro. *Norw* —1A **26**
Watton Rd. *Baw & Norw*
—5A **22**
Watts Ct. *Norw* —5A **5**
Waveney Clo. *Hov* —1D **42**
Waveney Dri. *Hov* —2C **42**
Waveney Rd. *Norw* —5E **25**
Waveney Ter. *Norw* —5E **25**
Waverley Rd. *Norw* —1H **35**
Weavers Clo. *Hor F* —2A **10**
Weavers La. *Norw* —5B **5**
Webb Dri. *Rack* —1G **19**
Webdell Ct. *Norw* —2E **37**
Webster Clo. *Norw* —1C **24**
Wellesley Av. N. *Norw* —2G **27**
Wellesley Av. S. *Norw* —3G **27**
Wellington Grn. *Norw* —3A **4**
Wellington La. *Norw*
—3B **26** (3A **4**)
Wellington Rd. *Norw* —3A **26**
Well Loke. *Norw* —4A **16**
Welsford Rd. *Norw* —2A **36**
Wendene. *Norw* —2A **24**
Wenman Ct. *Norw* —1A **24**
Wensum Cres. *Norw* —4E **15**
Wensum Meadows Rd. *Norw*
—3E **15**
Wensum St. *Norw*
—3D **26** (3C **4**)
Wensum Valley Clo. *Norw*
—3D **14**
Wensum Wlk. *Dray* —2A **8**
Wentworth Grn. *Norw* —1G **35**
Wessex St. *Norw*
—5C **26** (7A **5**)
Westacre Dri. *Norw* —6D **10**
West Clo. *Norw* —5B **14**
West Cft. *Hether* —5C **32**
West End. *Cos* —2F **13**
West End Av. *Brun* —4C **30**
West End Av. *Cos* —2F **13**
West End St. *Norw* —2A **26**
Western Av. *Norw* —3B **28**
Westfield Rd. *Brun* —3F **31**
Westgate. *Norw* —2G **15**
West Ga. *Wym* —4C **38**
Westgate Clo. *Norw* —5H **25**
Westgate Ct. *Wym* —4C **38**
West La. *Hor F* —3H **9**
Westlegate. *Norw*
—4D **26** (6C **5**)
Weston Clo. *Blo* —3F **21**
Weston Ct. *Norw* —1E **17**
Weston Rd. *Norw* —4B **16**

Weston Rd. *Ring* —4A **6**
Weston Wood Clo. *Norw*
—3B **28**
Weston Wood Rd. *Norw*
—3B **28**
West Pde. *Norw* —3A **26**
W. Pottergate. *Norw* —3A **26**
West Rd. *Norw* —5B **14**
West Vw. *Por* —6C **40**
W. View Rd. *Blo* —1G **31**
Westwick St. *Norw*
—2C **26** (2A **4**)
Westwood Dri. *Norw* —1E **15**
Westwood Gdns. *Wym* —2B **38**
Westwood Ho. *Norw* —3H **25**
Wharton's La. *Wym* —6C **38**
Wheatacre Clo. *Hors* —2F **9**
Wheatfields. *Dray* —3A **8**
Wheatley Rd. *Norw* —2G **25**
Wheeler Rd. *Norw* —6H **15**
Wheel Rd. *Alp* —5G **41**
Wherry Rd. *Norw*
—4E **27** (6E **5**)
Whiffler Rd. *Norw* —4H **15**
Whitebeam Ct. *Norw* —2E **25**
White Farm La. *Norw* —3H **27**
Whitefriars. *Norw*
—2D **26** (1D **4**)
White Gates. *Norw* —6H **13**
Whitegates Clo. *Hether* —5D **32**
Whitehall Rd. *Norw* —4A **26**
White Horse La. *Tro* —3E **37**
White Horse M. *Tro* —1G **37**
Whitehorse St. *Wym* —5C **38**
White Ho. Ct. *Norw* —4B **16**
White Ho. Gdns. *Por* —4E **41**
White Lion St. *Norw*
—4D **26** (5C **5**)
White Lion Yd. *Norw* —1C **4**
White Lodge Bus. Est. *Norw*
—3C **36**
White Pl. *Tav* —4G **7**
White Rose Clo. *Norw* —1E **25**
Whitethorn Clo. *Norw* —2C **16**
White Woman La. *Norw* —1E **17**
Whiting Rd. *Norw* —2C **36**
Whitlingham La. *Tro* —1G **37**
Whitwell Rd. *Norw* —2F **27**
Wilberforce Rd. *Norw* —3C **24**
Wilby Rd. *Norw* —2D **36**
Wilde Rd. *Rack* —1F **19**
Wild Rd. *Norw* —6C **16**
Wilkins Ct. *Norw* —2D **24**
Wilkinson Rd. *Rack* —1F **19**
Wilks Farm Dri. *Norw* —2F **17**

Willhire Way. *Norw* —1A **16**
William Booth St. *Norw*
—4C **26** (5B **5**)
William Clo. *Wym* —2D **38**
William Frost Way. *New C*
—5E **13**
William Mear Gdns. *Norw*
—3G **27**
William Peck Clo. *Spix* —2F **11**
William Peck Rd. *Spix* —2F **11**
William's Loke. *Norw* —1A **28**
Williamson Clo. *Norw* —5H **17**
William White Pl. *Norw*
—2F **27** (2F **4**)
Willis St. *Norw* —2D **26** (1D **4**)
Willow Clo. *Wym* —3E **39**
Willow Herb Wlk. *Wym* —4F **39**
Willow La. *Norw* —3C **26** (4A **4**)
Wilson Rd. *Norw* —4G **27**
Winceby Clo. *Norw* —1E **29**
Winchcomb Rd. *Norw* —2G **25**
Winchester Tower. *Norw*
(off Vauxhall St.) —4B **26**
Windmill Clo. *Por* —5C **40**
Windmill Ct. *Norw* —5F **17**
Windmill La. *Cos* —3B **14**
Windmill Rd. *Norw* —5E **17**
Windsor Chase. *Tav* —4G **7**
Windsor Rd. *Norw* —1G **15**
Wingate Way. *Norw* —2B **26**
Wingfield Rd. *Norw* —1C **26**
Winkles Row. *Norw* —4F **15**
Winners Wlk. *Dray* —2A **8**
Winsford Way. *Norw* —6D **14**
Winstanley Rd. *Norw* —1E **29**
Winter Rd. *Norw* —3H **25**
Witard Clo. *Norw* —6A **18**
Witard Rd. *Norw* —6A **18**
Withy Way. *Tav* —4H **7**
Witton La. *Lit P* —5C **20**
Woburn St. *Norw* —4B **26**
Wodehouse Clo. *Wym* —2A **38**
Wodehouse St. *Norw* —1D **26**
Wolfe Rd. *Norw* —2G **27**
Wolfson Clo. *Norw* —5E **25**
Womersley Clo. *Norw* —2G **27**
Womersley Rd. *Norw* —2G **27**
Wood Avens Way. *Wym* —4F **39**
Woodbastwick Rd. *Blo* —1F **21**
Woodcock Clo. *Norw* —4C **16**
Woodcock Rd. *Norw* —4B **16**
Woodcote. *Hether* —5D **32**
Woodcroft Clo. *Norw* —5B **18**
Woodforde Rd. *Norw* —5A **18**
Woodgate. *Norw* —4D **34**

Woodgrove Pde. *Norw* —5C **16**
Woodham Leas. *Norw* —1D **16**
Wood Hill. *Tav* —5G **7**
Woodhill Ri. *Norw* —1D **24**
Woodland Clo. *Helle* —1E **15**
Woodland Dri. *Thor E* —5E **13**
Woodland Rd. *Helle* —1E **15**
Woodlands. *Tav* —3E **7**
Woodlands Cres. *Norw* —6D **18**
Woodlands Rd. *New C* —5B **14**
Woodrow Pl. *Norw* —3G **27**
Woodruff Clo. *Norw* —2C **16**
Woods Clo. *Hether* —5C **32**
Woodside Clo. *Tav* —4F **7**
Woodside Ct. *Norw* —6E **27**
Woodside Rd. *Norw* —5B **18**
Wood St. *Norw* —5C **26** (8A **5**)
Wood Vw. Ct. *New C* —5B **14**
Woodview Rd. *Eas* —5A **12**
Wood Vw. Rd. *Helle* —2F **15**
Woodward Rd. *Norw* —5A **16**
Woolner's La. *Fram P* —1F **41**
Wordsworth Rd. *Norw* —3D **24**
Wortham Clo. *Norw* —1B **24**
Wramplingham Rd. *Wym*
—1E **39**
Wrench Rd. *Norw* —3E **25**
Wren Clo. *Norw* —1F **35**
Wrenningham Rd. *Norw*
—1D **16**
Wrights Ct. *Norw* —3C **4**
Wright's Foundry Yd. *Norw*
—2C **26** (2B **4**)
Wroxham Rd. *Norw* —4F **17**
Wycliffe Rd. *Norw* —5F **25**
Wymer St. *Norw* —3A **26**
Wyngates. *Blo* —1H **31**

Yare Valley Dri. *Norw* —1D **34**
Yare Valley Ri. *Brun* —4C **30**
Yarmouth Rd. *Brun* —2E **31**
Yarmouth Rd. *Norw* —4H **27**
Yaxley Way. *Norw* —2B **24**
Yelverton Clo. *Norw* —2E **15**
Yelverton Rd. *Fram E* —3E **41**
Yew Ct. *Norw* —3A **18**
York St. *Norw* —5A **26**
(in two parts)
Youngs Grn. *Norw*
—2E **27** (2E **4**)

Zipfel's Ct. *Norw* —1C **4**
Zobel Clo. *Sweet B* —5G **15**

Every possible care has been taken to ensure that the information given in this publication is accurate and whilst the publishers would be grateful to learn of any errors, they regret they cannot accept any responsibility for loss thereby caused.

The representation on the maps of a road, track or footpath is no evidence of the existence of a right of way.

The Grid on this map is the National Grid taken from the Ordnance Survey map with the permission of the Controller of Her Majesty's Stationery Office.

Copyright of Geographers' A-Z Map Co. Ltd.

No reproduction by any method whatsoever of any part of this publication is permitted without the prior consent of the copyright owners.